西藏特色产业高质量发展系列研究报告

西藏高原生物产业
高质量发展研究报告

2021

禄树晖 孙自保 宋连久 ◎ 编著

XZCB 西藏人民出版社

图书在版编目（CIP）数据

西藏高原生物产业高质量发展研究报告. 2021 / 禄树晖, 孙自保, 宋连久编著. -- 拉萨 : 西藏人民出版社, 2022.8
ISBN 978-7-223-07142-0

Ⅰ.①西… Ⅱ.①禄… ②孙… ③宋… Ⅲ.①生物技术－高技术产业－产业发展－研究报告－西藏－2021Ⅳ.①F426.7

中国版本图书馆CIP数据核字(2022)第080952号

西藏高原生物产业高质量发展研究报告（2021）

编　　著　禄树晖　孙自保　宋连久
责任编辑　张慧霞
封面设计　格　次
出版发行　西藏人民出版社（拉萨市林廓北路 20 号）
印　　刷　西藏福利印刷厂
开　　本　787×960　1/16
印　　张　12.375
字　　数　160 千
版　　次　2022 年 12 月第 1 版
印　　次　2022 年 12 月第 1 次印刷
印　　数　01-1,500
书　　号　ISBN 978-7-223-07142-0
定　　价　40.00 元

《西藏特色产业高质量发展系列研究报告》

编 委 会

总　序

建设团结富裕文明和谐美丽社会主义现代化新西藏的题中应有之义

一

党的十八大提出："要适应国内外经济形势新变化，加快形成新的经济发展方式，把推动发展的立足点转到提高质量和效益上来，着力激发各类市场主体发展新活力，着力增强创新驱动发展新动力，着力构建现代产业发展新体系，着力培育开放型经济发展新优势，使经济发展更多依靠内需特别是消费需求拉动，更多依靠现代服务业和战略性新兴产业带动，更多依靠科技进步、劳动者素质提高、管理创新驱动，更多依靠节约资源和循环经济推动，更多依靠城乡区域发展协调互动，不断增强长期发展后劲。"这一战略举措标志我国经济发展全面转向以提高质量和效益上来。党的十九大作出"中国特色社会主义进入了新时代"的重大论断，新时代"我国经济已由高速增长阶段转向以高质量发展阶段，正处在转变发展方式、优化经济结构、转换增长动力的攻关期"。高质量发展意味着高质量的供给、高质量的需求、高质量的配置、高质量的投入产出、高质量的收入分配和高质量的经济循环。"建设现代化经济体系是跨越关口的迫切要求和我国发展的战略目标"，"必须坚持质量第一、效益优先，以供给侧结构性改革为主线，推动经济发展质量变革、效率变革、动力变革，提高全要素生产率，着力加快建设实体经济、科技创新、现代金融、人力资源协同发展的产业体系"。新时代实现"两个一百年”奋斗目标、实现中华民族伟大复兴的中国梦，不断提高人民生活水平，必须坚持社会主义市场经济改革方向，推动经济持续健康发展。

面对新形势、新要求，西藏自治区党委团结带领全区各族人民，坚持习近平新时代中国特色社会主义思想，肩负国家重要使命，科学谋划雪域高原特色产业高质量发展布局，精心凝炼特色产业发展重点，全面推进西藏经济高质量发展，为祖国西南边疆富裕文明和谐美丽奠定坚实的产业高质量发展基础。

西藏聚力发展特色产业具有重大现实意义。第一，西藏聚力发展特色产业，是构建具有区域特色现代产业体系的重大举措。加快发展高原生物产业，有助于进一步优化特色农牧业产业结构；有利于建成一批特色农产品生产基地，带动西藏地区经济高质量发展，提高特色农产品市场竞争力与占有率；有助于加快西藏藏医药科技创新和标准化体系建设。加快发展文化旅游产业，有利于提升西藏旅游的便利度、友好度、知名度和可进入性，进一步凝练具有西藏特色的旅游品牌形象。加快发展清洁能源产业，有利于充分利用西藏极为丰富的特色能源资源，打造我国重要的清洁能源供应基地，为国家实施“双碳”战略做出贡献。加快发展绿色工业，有助于提升优质矿产资源开发效益，推进建材资源开发和促进西藏特色手工业高质量发展，以实际举措延长产业链、供应链和价值链。加快发展现代服务业，能够进一步推进具有中国特色的现代教育、养老、卫生、健康等体制机制创新，促使生产性服务业、管理性服务业和新兴服务业体系更加完善、机制更加灵活、服务质量进一步提升。加快发展高新数字产业，制定和落实好促进信息产业高质量发展优惠措施，有助于进一步构建网络化协同创新体系。加快发展边贸物流产业，完善商贸流通体系，加大交通干线、口岸要镇仓储物流培育力度，完善城乡商业网点和物流配送体系，能够降低成本以及提升西藏自产商品市场占有率和综合竞争力，促进西藏经济高质量发展。

第二，西藏聚力发展特色产业，是推进产业富民工程的主要体现。西藏聚力推动高原生物产业快速发展，积极发展高原特色农畜产品加工、绿色农牧业、藏药和生物医药产业，有利于生产更多高原健康绿色产品，提高市场化竞争力，使生产者和经营者获得更多收益。推动特色文化旅游产业全域发展，提高文化旅游产业的综合效益，有助于实现旅游富民。推动绿色工业规模发展，重点推动天然饮用水产业加快发展，布局好绿色矿产业，推进装配式绿色建筑应用等产业，在有效解决建材市场供需矛盾的同时，促进西藏消费者获得物美价廉的相关产品。积极发展清洁能源产业，构建以水电为主、多能并举的清洁、经济、稳定、可持续发展综合能源体系，进一步夯实国家重要“西电东送”接续基地战略地位，为西藏各族人民走向更加美好的生活提供能源保障。推动现代服务业整体发展，积极发展城市服务业、金融服务业、工业服务业、农业服务业，助力产业高质量发展、扩大社会就业，满足群众对美好生活需要。推动高新数字产业创新发展，有利于加快高新数字产业自身培育发展，赋能其他产业升级换代，为加快建设团结富裕文明和谐美丽新西藏培育更具活力和更有富民内涵的特色产业集群。推动边贸物流产业跨越发展，发展口岸经济，促进“双循环新格局”构建，带动边境地带群众增收致富，促进西藏各族人民在南亚大通道建设中收获不断增长的物质财富。

第三，西藏聚力发展特色产业，是支撑就业优先战略的重要举措。实施就业优先战略，就是要把促进就业放在经济共享发展的优先位置，作为经济高质量发展的优先目标，强化政府责任，加大资金投入和支持，积极培育发展能够容纳吸引更多从业者就业的朝阳产业和新业态，使就业优先成为思想共识、决策导向、行动自觉。西藏聚力发展特色产业，加大就业资金安排和整合力度，推动重大项目、高新技术项目和就业容量大的中小微企业加快发展，拓宽就业渠道，提升就业服务精准度、覆盖面、实效性。壮大产业带动就业，进一步改善困难群体就业，动态消除零就业家庭，使调结构与促就业形成良性互动态势。西藏聚力发展特色产业，完善就业政策，使更多就业、创业机遇涌现出来；实施重点产业优先发展战略，有助于加快推进统一、规范、灵活的人力资源市场建设，更好发挥市场在人力资源配置中的基础作用，使市场就业、区外就业取得新突破。

第四，西藏聚力发展特色产业，是形成“两屏”战略布局的重要支撑。“两屏”，即党中央在召开第五次、第六次西藏工作座谈会上提出，西藏是重要的国家安全屏障，也是重要的生态安全屏障。这是党中央根据西藏特殊区位条件和地理环境做出的科学定位，是对西藏各族人民的充分信赖，寄托了殷切期望。西藏自治区党委、政府在深入贯彻落实习近平新时代中国特色社会主义思想，贯彻落实习近平总书记关于总体国家安全观和治边稳藏重要论述，牢固树立总体国家安全观，全面提升维护国家安全能力和水平基础上，提出聚力发展特色产业，就是要通过加快发展特色产业为筑牢“两屏”提供坚实的物质基础。

第五，西藏聚力发展特色产业，是实现新型工业化、城镇化和全面实施乡村振兴战略等重大任务的现实路径。工业化与城镇化是欠发达地区实现经济高质量发展的必由之路。新型工业化与城镇化是现代化进程的一对孪生子，以城镇化推进工业化，以工业化促进城镇化，是新型工业化道路的重要内容，也是促进城镇化发展的有效途径。聚力加快发展特色产业，能够激发西藏经济活力，培育创新科技，加快西藏新型工业化和城镇化发展。积极推进特色产业高质量发展，进一步加快培育农业现代化的市场主体，推进农村产业现代化、市场化、信息化，以实际行动推进乡村振兴战略深入实施。

二

“十三五”时期是西藏与全国一道全面建成小康社会的决胜阶段，是发挥资源和区位优势，加快提升产业发展质量和效益的关键时期。按照中共西藏自治区第九次党代会和区党委九届三次全会部署，统筹推进“五位一体”总体布局和协调推进“四个全面”战略布局，贯彻落实新发展理念，坚持市场作用和政府作用协同发力，坚持产业发展和生态保护和谐共生，以提高发展质量和效益为中心，以推进供给侧结构性改革为主线，以创新驱动为引领，以改革开放为抓手，着力聚焦四条发展路径，大力推动高原生物产业快速发展、特色文化旅游产业全域发展、绿色工业规模发展、清洁能源产业壮大发展、现代服务业整体发展、高新数字产业创新发展、边贸物流产业开放发展，形成绿色环保、特色鲜明、优势突出、可持续发展的高原现代产业体系，加快实现从资源优势向经济优势、市场优势、竞争优势转化，为决胜全面建成小康社会提供坚实支撑。

2018 年，西藏自治区党委提出大力发展特色产业重大战略部署，强调以提高经济社会发展质量和效益为中心，大力培育具有西藏优势和市场竞争力的产业集群，重点发展高原生物产业、文化旅游产业、清洁能源产业、绿色工业、现代服务业、高新数字产业和边贸物流业等特色产业。西藏特色产业的发展重点包括：第一，加快发展高原生物产业。积极发展绿色农牧业，加强绿色农牧业基础设施建设，提高绿色农畜产品供给能力和产品品质，打造休闲农业；加快发展高原特色农畜产品加工，提升特色农畜产品加工技术研发和转化，打造高原特色绿色品牌，培育农畜产品加工龙头企业，构建新型农业经营体系；加快发展藏药和生物医药产业，加大高原作物深加工，全力打造藏成药知名品牌，加快生物制药和大健康产业创新发展。第二，加快发展特色文化旅游产业。构建“特色、全域、可持续、惠民”文化旅游产业体系。结合西藏优秀文化底蕴与核心要素，着眼打造重要的中华民族特色文化保护地和世界旅游目的地，开发特色精品旅游产品和线路，全面提高西藏旅游文化综合效益，扩大对外开放，全力塑造“游神圣第三极 · 享幸福新西藏”旅游品牌形象。第三，加快发展绿色工业。推动天然饮用水产业加快发展；布局好绿色优势矿产业，引进绿色开采技术，有计划地利用以锂为主盐湖矿产，铜、铅、锌等优势资源；积极发展绿色建材业，推进装配式绿色建材应用，合理布局建材业新增产能，有效解决建材市场供需矛盾；支持民族手工业创新发展，促进民族手工业上档次、上水平；加快发展节能环保产业，推动再生资源综合利用产业化。第四，加快发展清洁能源产业。重点发展水能、太阳能、风能、地热能。充分利用资源优势，加快能源基础设施建设，优化能源生产消费结构，改善民生用能条件，构建以水电为主、多能并举、互联互通的稳定、清洁、经济、可持续发展综合能源体系，积极推进重要的“西电东送”接续基地建设，把西藏打造成为国家清洁能源基地。第五，加快发展现代服务业。做大做强金融产业，坚持普惠金融和绿色金融，完善金融机构和市场体系；培育壮大新兴服务业，积极发展农业服务业、工业服务业、城市服务业，促进新兴服务业与现代农牧业、绿色工业、信息化、城镇化有机融合，提升新兴服务业高质量发展层次。第六，加快发展高新数字产业。重点发展大数据、互联网等信息技术应用、行业信息化解决方案、数字内容行业。深耕区内信息化市场，推动互联网、云计算、大数据、物联网等信息技术在经济高质量发展和社会政务管理等方面的广泛应用和深度融合，为西藏加快发展智慧旅游、平安城市、精准扶贫、维稳管控等提供有力支撑，打造智慧旅游试点城市和高原大数据中心试点城市。第七，加快发展边贸物流产业。完善边贸内贸流通体系，建设分级物流体系。建设出口商品生产基地。以共享共用为原则，完善商贸流通体系，加快发展口岸经济，加快推动内外贸易融合发展，加大交通干线、口岸要镇仓储物流培育力度，积极构建环喜马拉雅经济合作带，将西藏打造成为面向南亚开放的重要通道。

在中央特殊关怀下，在兄弟省市无私援助下，西藏自治区党委、政府团结带领西藏各族干部群众，扎实推进，西藏特色产业发展取得显著成效：第一，培育壮大高原生物产业。“十三五”期间西藏实施青稞增产、牦牛出栏行动，青稞产量、牦牛出栏头数比“十二五”末分别增长 12.2%、

25.2%，连续五年粮食产量稳定在100万吨以上，连续3年粮食安全省长责任制考核“良好”。农牧业产业化龙头企业162家，主要农作物综合机械化率达到65%。农畜产品加工业总产值57亿元，比“十二五”末翻一番。第二，培育壮大文化旅游产业。“十三五”期间西藏创新推出了“冬游西藏”，旅游人次和收入提前两年完成“十三五”目标，分别是“十二五”时期的2.3倍、2.4倍。农牧民参与乡村旅游就业8.6万人，年人均增收4300元。文化产业示范基地（园区）234家，产值超过60亿元，年均增长15%。第三，培育壮大清洁能源产业。“十三五”期间西藏澜沧江和金沙江上游清洁能源基地建设顺利推进，瓦托、金桥、加查等重要水电站投产发电。24个扶贫光伏能源项目实现并网。累计外送电力63亿千瓦时，实现了西藏电力从紧缺限电到富余输出的历史性转变。第四，培育发展绿色工业。“十三五”末西藏规模以上工业企业152家，比“十二五”末增长46.2%。天然饮用水销量年均增长10%以上，中成药年产量3586吨。绿色矿业稳定发展，铜锂等优势资源得到保护性利用。水泥年产量从468万吨增加到1085万吨，基础建材保障基本实现区内为主、区内外相互循环。第五，培育发展现代服务业。“十三五”期间西藏的市县乡村四级电商服务全面推开，网络零售额累计突破200亿元、增长20倍。社会消费品零售总额年均增长9.3%。上市公司达20家、增长81.8%，直接融资103亿元，金融业增加值占GDP比重提高1个百分点。第六，培育发展高新数字产业。“十三五”末西藏信息化指数从“十二五”末的63.3增长到75.8。首个云计算中心获评国家绿色数据中心。首条计算机整机生产线落地建成，填补了西藏电子信息制造业的空白。软件和信息技术服务企业超过300家，数字经济规模突破330亿元。第七，培育发展边贸物流产业。“十三五”期间西藏城乡流通体系逐步完善，货运总量和周转量分别达4093万吨和157亿吨公里。19家大型全国性电商和物流快递企业陆续落户，冷链仓储面积达到11.3万平方米。进出口贸易额累计约230亿元。总体来看，经过五年的产业培育与调整，产业链、供应链持续补齐建强，三次产业比例由“十二五”末的9:32.8:58.2调整为7.9:42:50.1，结构进一步优化，区位经济特色和优势产业的引领作用进一步彰显。

三

习近平总书记在中央第七次西藏工作座谈会上强调指出，当今世界正经历百年未有之大变局，当今中国正处在中华民族伟大复兴的关键时期。西藏是重要的国家安全屏障和生态安全屏障，是抵御美国等西方反华势力遏制分化中国图谋的前沿阵地，是维护祖国统一、反对民族分裂的重点地区。当前西藏工作呈现出新的阶段性特征，反分裂斗争进入关键期，社会大局进入实现长治久安的推进期，经济社会进入高质量发展的转型期，生态保护进入生态文明建设的深化期，边境建设进入富民强边的攻坚期。总书记概括的“五期叠加”的阶段性特征，反映出进一步做好西藏工作任务更重、难度更大、要求更高、使命更加光荣。我们必须保持清醒头脑、增强忧患意识，把形势估计得复杂一些，把风险挑战看得严峻一些，把各项工作做得更扎实一些，这样才能不断推进西藏长治久安，确保国家安全。面对新形势新任务，党中央确定新时代西藏工作指导思想为：坚持以习近平新时代中国特色社会主义思想为指导，全面贯彻习近平总书记关于西藏工作的重要论述和新时代党的治藏方略，增强“四个意识”、坚定“四个自信”、做到“两个维护”，坚持统筹推进“五位一体”总体布局、协调推进“四个全面”战略布局，坚持稳中求进工作总基调，深化反分裂斗争，铸牢中华民族共同体意识，推进藏传佛教中国化，提升发展质量，保障和改善民生，推进生态文明建设，加强边境地区建设，加强党的组织和政权建设，抓好稳定、发展、生态、强边四件大事，确保国家安全和长治久安，确保人民生活水平不断提高，确保生态环境良好，确保边防巩固和边境安全，凝心聚力建设团结富裕文明和谐美丽社会主义现代化新西藏。

“十四五”期间，西藏特色产业高质量发展的总体思路是：加快发展现代产业体系，推动经济体系优化升级，夯实产业基础，推进产业链现代化，提高经济质量效益和核心竞争力。第一，优化产业空间布局。根据城镇空间、生态空间、农业空间总体布局，综合资源优势、区位条件和产业发展基础，立足不同区域发展定位，发挥比较优势，因地制宜发展特色产业，推动清洁能源、文化旅游、高原生物、绿色工业、现代服务业、高新数字、边贸物流产业成为经济增长的重要引擎、转型发展的重要动力、人民幸福生活的重要指标、国民经济的重要支柱性产业、高质量发展的亮点和标志，产业增加值年均增长 10% 以上；第二，巩固提升传统产业。推动高原生物产业快速发展。推动特色文化旅游产业全域发展。推动绿色工业规模发展。推动边贸物流产业跨越发展。第三，发展壮大新兴产业。推动高新数字产业创新发展。加快信息技术与经济社会发展深度融合，促进互联网深度广泛应用，带动生产模式和组织方式变革，推动新一代信息技术与传统产业融合发展，实施互联网 +、人工智能、5G+ 赋能行动，形成网络化、智能化、服务化、协同化产业发展新形态。推动清洁能源产业壮大发展。加快流域综合规划编制，加快发展以水电、太阳能为主的清洁能源产业，全力推进清洁能源基地开发建设，打造国家清洁能源接续基地。推动现代服务业整体发展。加快生产性服务业向专业化和价值链高端延伸，大力发展研发设计、金融保险、节能环保、法律服务等服务业，加快推进服务业数字化；推动生活性服务业向高品质和多样化升级，加快发展健康、养老、育幼、体育、家政、物业等服务业。第四，完善高原特色产业综合扶持政策，坚持权利平等、机会平等、规则平等，坚决破除各种隐性壁垒，支持非公经济和中小微企业加快发展。落实西部地区鼓励类产业目录和国家各项财政、税收、金融优惠政策，完善高原特色产业综合扶持政策。加强银行信贷扶持，积极争取开发性、政策性金融支持，鼓励商业银行加大信贷投放力度，开发具有西藏特色的金融产品和服务，增强服务实体经济能力。积极推进地产产品研发推广应用，对本土资源加工类产品出藏运输费用给予财政补贴，增强保持产业链供应链稳定能力，加强供需动态匹配。构建有利于新技术、新产品、新业态、新模式赋能特色产业发展的政策环境。

四

2021年7月在庆祝西藏和平解放70周年之际，中共中央总书记、国家主席、中央军委主席习近平来到西藏，祝贺西藏和平解放70周年，看望慰问西藏各族干部群众，给各族干部群众送去党中央的关怀。习近平总书记指出，西藏和平解放70年来，在党中央坚强领导下，在全国人民大力支持下，西藏各族干部群众艰苦奋斗、顽强拼搏，社会制度实现历史性跨越，经济社会实现全面发展，人民生活极大改善，城乡面貌今非昔比。实践证明，没有中国共产党就没有新中国，也就没有新西藏。毋庸置疑，党中央关于西藏工作的方针政策是完全正确的。习近平总书记强调，要全面贯彻新时代党的治藏方略，坚持稳中求进工作总基调，立足新发展阶段，完整、准确、全面贯彻新发展理念，服务和融入新发展格局，推动高质量发展，加强边境地区建设，抓好稳定、发展、生态、强边四件大事，在推动青藏高原生态保护和可持续发展上不断取得新成就，奋力谱写雪域高原长治久安和高质量发展新篇章。习近平总书记指出，推动西藏高质量发展，要坚持所有发展都要赋予民族团结进步的意义，都要赋予改善民生、凝聚人心的意义，都要有利于提升各族群众获得感、幸福感、安全感。要扬长避短，因地制宜，深化改革开放，加快铁路、公路及其他重大基础设施建设，加快发展特色产业，加快建设国家清洁能源基地，统筹发展和安全，走出一条符合西藏实际的高质量发展之路。

2021年12月，中共西藏自治区第十次党代会提出，产业是高质量发展的根基。立足西藏经济社会发展实际，优化一产、壮大二产、提升三产，努力把资源优势转化为发展优势，积极培育战略性新兴产业，加快构建现代产业体系。加快发展文化旅游产业，坚持特色、高端、精品，丰富文化旅游产品，完善旅游基础设施，优化旅游业发展环境，创新旅游营销模式，促进文旅融合、提质增效。推动文化旅游产业全域全时高质量发展，实现文化产业产值翻一番；加快发展清洁能源产业，坚持水光风热互补、源网荷储一体，全力构建清洁能源“一基地、两示范”发展新格局。加快电力外送通道建设，着力建设国家清洁能源基地，打造新型电力系统示范区、清洁可再生能源利用示范区；加快发展绿色工业，重点推动绿色矿业、天然饮用水和民族手工业加快发展，开展战略性矿产资源和羌塘油气资源评估，推进扎布耶现代盐湖等产业开发，加快建筑业、建材业转型升级；加快发展现代服务业，着力发展研发设计、金融保险、节能环保等生产性服务业，重点发展健康、养老、育幼、体育、家政、物业等生活性服务业，更好服务实体经济和满足人民多样化需求。培育壮大消费市场，大力发展夜间经济。加快发展高原生物产业，坚持稳粮、兴牧、强特色，深化农牧业供给侧结构性改革，高标准建设一批青稞、牦牛等特色农畜产品生产基地和产业带。大力支持龙头企业加快发展，建强农牧民专业合作组织。加快发展藏药产业。加快发展高新数字产业，积极推动互联网、大数据、云计算、人工智能、卫星技术等新一代信息技术同经济社会发展深度融合，建设面向南亚数字港，推动产业数字化、数字产业化。加快发展边贸物流业，加强吉隆、樟木、普兰口岸基础设施和功能建设，实施边民互市进口商品落地加工。强化商贸流通体系支撑作用，推进城乡物流配送网络一体化，推动商贸流通体系向偏远乡村延伸。

2022 年 1 月，西藏自治区政府工作报告提出，抓根基支柱，培育壮大高原特色产业。第一，大力发展高原特色农牧产业，高标准建设一批特色农畜产品生产基地和产业带，有条件的县区打造 1—2 个特色产业园区。引进和培育若干农牧业产业化龙头企业。第二，大力发展清洁能源产业。建设金沙江上游和雅鲁藏布江中游水风光储多能互补基地，加快雅江水电龙头工程前期工作，积极推进百万千瓦级光伏基地和高海拔风电建设，有序推进“新能源＋储能”试点示范，力争建成和在建装机1600万千瓦；第三，大力发展绿色工业。开展战略性矿产资源勘查，开工建设扎布耶万吨电池级碳酸锂项目，推进铜矿开发扩能提质。加快建筑业、建材业转型升级，引导绿色健康发展。天然饮用水产销量增长20%。支持民族手工业发展，推动藏医药产业扩量提质增效。实现规模以上工业增加值增长10%。第四，大力发展文化旅游产业。提升“冬游西藏”“文创西藏”影响力。优化旅游线路布局，打造G219、G318精品线路，推进文化旅游与乡村振兴、兴边富民深度融合，实现3A级以上景区智慧旅游覆盖面50%以上；第五，加快发展高新数字产业。积极融入“东数西算”布局，打造拉萨绿色数据中心集群和核心节点。加快工业互联网公共服务平台建设，在教育、医疗、交通、物流、矿山等领域培育15个5G应用示范，加速西藏数字“蝶变”。第六，加快发展边贸物流产业。建设两个以上冷链物流集散中心，构建城乡商贸流通一体化网络。推进边民互市贸易区、边贸市场和边贸点建设，实施边民互市进口商品落地加工，实现边境贸易和进出口贸易双增长。第七，加快发展现代服务业。积极发展研发设计、金融保险、节能环保等生产性服务业，支持发展健康医疗、养老育幼、家政物业等生活性服务业。培育新型消费热点，打造“西藏味道”美食街，发展假日经济、夜间经济。

习近平总书记指出，要走出一条符合西藏实际的高质量发展之路。西藏推进高原经济高质量发展具有良好的物质基础和巨大的资源优势。在“两个一百年”奋斗目标交汇的战略节点上，西藏特色产业高质量发展站在了新起点上，要围绕建成国家重要的战略资源储备基地、高原特色农产品基地、世界旅游目的地、清洁能源基地和面向南亚开放重要通道，打高原牌、绿色牌、特色牌，用好外力、增强内力、凝聚合力，切实把政策资源优势转化为经济高质量发展优势，让各族人民共享经济社会发展成果、奔向共同富裕，努力做到高原经济高质量发展走在全国前列！

五

2021年是中国共产党成立100周年，是西藏和平解放70周年，是“十四五”开局之年，站在实现“两个一百年”奋斗目标交汇新起点上，为全面总结和平解放70年来西藏特色产业发展取得的经验，为新时代西藏特色产业高质量发展做出绵薄之力。西藏民族大学“西藏文化传承发展协同创新中心”组织校内外多学科专家与西藏涉及特色产业发展的厅局协同开展研究，在西藏产业70年与新时代高质量发展研究、西藏高原生物产业高质量发展研究报告、西藏文化旅游产业高质量发展研究报告、西藏绿色工业高质量发展研究报告、西藏清洁能源产业高质量发展研究报告、西藏边贸物流产业高质量发展研究报告、西藏高新数字产业高质量发展研究报告、西藏现代服务业高质量发展研究报告基础上，编纂了包括《西藏高原生物产业高质量发展研究报告（2021）》《西藏文化旅游产业高质量发展研究报告（2021）》《西藏绿色工业高质量发展研究报告（2021）》《西藏清洁能源产业高质量发展研究报告（2021）》《西藏边贸物流产业高质量发展研究报告（2021）》《西藏高新数字产业高质量发展研究报告（2021）》《西藏现代服务业高质量发展研究报告（2021）》共七册“西藏特色产业高质量发展系列研究报告”。其中：

1.《西藏高原生物产业高质量发展研究报告（2021）》

高原生物产业是西藏经济社会高质量发展的基础产业、优势产业、民生产业，是西藏经济稳定之基、发展之本、稳定之要。加快推进西藏农牧业高质量发展，是促进农牧民就业增收、全面建成小康社会、维护国家生态安全、确保长治久安的必然要求，具有特殊战略地位和现实意义。本书在详细梳理西藏高原生物产业发展区域特征、发展历程、发展环境、资源禀赋基础上，找出存在的问题和制约因素，总结发展成就及经验，提出高质量发展思路与目标任务、发展路径与对策建议。期望本书能对西藏高原生物产业高质量发展提供借鉴。

2.《西藏文化旅游产业高质量发展研究报告（2021）》

文化旅游产业是西藏传统优势特色产业，在西藏经济社会发展、生态文明建设、文化交流交融等方面具有重要作用。本书在梳理文化旅游产业概念界定及西藏文化旅游产业发展条件的基础上，重点总结西藏文化旅游产业取得的成就和特征，同时结合新发展阶段的发展环境与政策，提出西藏文化旅游产业发展面临的困境与挑战，并提出未来促进其高质量发展的对策建议。期望本书能对西藏文化旅游产业高质量发展提供借鉴。

3.《西藏绿色工业高质量发展研究报告（2021）》

绿色工业是实现西藏经济社会高质量发展的需要。本书结合国家统计局相关产业分类标准，从诠释工业产业集群内涵和行业入手，在阐述西藏加快发展绿色工业的必要性和重要意义的基础上，着重分析了西藏绿色工业发展现状与存在问题，按照西藏优势矿产业高质量发展专题、西藏绿色建材业高质量发展专题、西藏民族手工业高质量发展专题、西藏节能环保产业高质量发展专题，探讨了西藏绿色工业高质量发展面临的困境与挑战，提出了相应的对策建议。期待本书能对西藏绿色工业高质量发展提供借鉴。

4.《西藏清洁能源产业高质量发展研究报告（2021）》

西藏作为我国战略资源储备基地和“西电东送”接续地，以“坚持开发利用当地能源资源和外地输入优质能源并举，形成以水电为主，油、气和可再生能源互补的可持续发展综合能源体系”为主线，在增强区内能源供应保障能力的同时，为国家调整能源结构和顺利实现“双碳”目标做出重要贡献。本书通过梳理西藏清洁能源产业发展历程、取得的成就，归纳西藏清洁能源产业发展面临的问题与前景，集中对西藏太阳能、风能、地热能、水能等四大清洁能源产业进行较为翔实、系统分析，探讨了西藏清洁能源产业发展的优势与短板，提出了未来促进其高质量发展的思路与目标任务、发展路径与对策建议。期待本书能对西藏清洁能源产业高质量发展提供借鉴。

5.《西藏边贸物流产业高质量发展研究报告（2021）》

西藏作为连接东亚与南亚极其重要的陆路枢纽，有着不可替代的战略地位。在国家新一轮对外开放背景下，西藏肩负着时代重任，必须加快推进“环喜马拉雅经济合作带”和南亚大通道建设步伐。2021 年是“十四五”开局之年。本书着眼于建设面向南亚开放的国际物流枢纽，以共享共用完善商贸流通体系、发展口岸经济，加快推动内外贸易融合发展和“双循环”发展新格局，加大交通干线、口岸要镇仓储物流培育力度，优化重点产业布局为发展要务。期待本书能对西藏边贸物流产业高质量发展提供借鉴。

6.《西藏高新数字产业高质量发展研究报告（2021）》

推动互联网、大数据、云计算、人工智能、卫星技术等新一代信息技术同经济社会发展深度融合，建设面向南亚数字港，推动产业数字化、数字产业化，加速西藏数字“蝶变”是西藏高质量发展的重要支撑。本书以西藏高新数字产业为研究对象，重点研究了西藏高新数字产业发展规模、发展特点、数字化水平和政策支撑体系。结合理论模型使用定量分析、案例分析、对比分析等方法，探索了西藏高新数字产业发展存在的问题和制约因素，提出了未来促进其高质量发展的战略与目标任务、路径与对策建议。期待本书能对西藏高新数字产业高质量发展提供参考。

7.《西藏现代服务业高质量发展研究报告（2021）》

提升西藏现代服务业的发展水平，对西藏优化产业结构、提升服务业层次和加快经济发展有重要意义。本书在梳理西藏现代服务业基本概况，以金融服务业、城市服务业为重点，分析了西藏现代服务业的发展历程、发展环境、资源禀赋，探索了西藏现代服务业高质量发展存在的问题和制约因素，总结了发展成就与成功经验，提出了未来促进其高质量发展的思路与目标任务、发展路径与对策建议。期待本书能对西藏现代服务业高质量发展提供借鉴。

以上七种书在研究内容上全面涵盖了西藏特色产业高质量发展的理论与实践问题。本系列研究报告的编纂，汇聚了西藏民族大学和西藏自治区内外相关领域的专家学者，历时一年多时间完成初稿，并经专家委员会论证、修改完善，最后由西藏人民出版社审定出版。在本系列研究报告的编纂过程中，我们牢牢把握本系列研究报告主要是为西藏区内各级管理干部和相关研究人员服务的宗旨，内容力求通俗易懂。本系列研究报告以西藏特色产业发展历程为基础，重在构建推动西藏特色产业高质量发展的框架体系，为读者提供具有实践意义的研究性借鉴。在具体结构上，上述七种书在文字叙述中穿插了一定的模块化图文。可以说，这套书对于全面了解西藏特色产业高质量发展具有很好的借鉴和参考价值。

在本系列研究报告即将出版之际，作为西藏高校的教育工作者，编写组成员为西藏特色产业发展取得的历史性成就感到无比自豪。作为本系列研究报告的主编，对参与本系列研究报告策划、撰稿、出版的各位专家表示感谢，感谢他们为此项工作贡献的智慧和力量。同时，由于时间紧，本系列研究报告对于西藏特色产业高质量发展的理论研究和现实问题探索有待进一步深入，典型经验有待进一步凝练，所提出的高质量发展路径与对策建议有待实践检验。今后我们一定会再接再厉，持续关注西藏经济社会高质量发展中所遇到的重大现实和理论问题，力争为助推西藏特色产业高质量发展做出更大贡献。

编　者

二〇二二年三月

目 录

第一篇　综合篇

第一章　研究背景与研究意义

“农为四民之本，食居八政之先”。习近平总书记指出，没有农业农村现代化，就没有整个国家的现代化。党的十九届五中全会提出：坚持把解决好“三农”问题作为全党工作重中之重，走中国特色社会主义乡村振兴道路，全面实施乡村振兴战略，强化以工补农、以城带乡，推动形成工农互促、城乡互补、协调发展、共同繁荣的新型工农城乡关系，加快农业农村现代化。为深入贯彻落实自治区党委、政府关于大力发展高原生物产业的决策部署，加快转变农牧业发展方式，打造高原特色生物产业基地，提升高原特色生物产业科技支撑能力，西藏立足资源禀赋和区位优势，牢牢把握“牧繁农育”，在“特”和“优”上下功夫，着力打造“人无我有，人有我优，人优我特”的高原生物产业品牌，大力发展富有西藏特色的农畜产品加工业，为农牧业发展补短板、强基础、惠民生、聚人心、保生态、增后劲，着力走出一条西藏特色的现代农牧业绿色发展之路。

西藏自治区第十次代表大会提出：加快发展高原生物产业，坚持稳粮、兴牧、强特色，深化农牧业供给侧结构性改革，高标准建设一批青稞、牦牛等特色农畜产品生产基地和产业带，推动“两江四河”[①]河谷经济带建设，青稞、肉奶年产量分别达到85万吨、100万吨以上。《西藏自治区国民经济和社会发展第十四个五年规划和二〇三五年远景目标纲要》提出：聚焦保供给、增融合、促衔接三项重点任务，因地制宜、多措并举、多管齐下，实施粮食和重要农产品提升工程、农牧业科技创新提升工程、

① “两江四河”是指雅鲁藏布江、怒江及拉萨河、年楚河、雅砻河、狮泉河。

乡村产业融合升级工程、农牧业安全生产保障工程、农牧业绿色发展引领工程、数字农牧区农牧业建设工程和乡村建设提升工程，加快农产品基地建设，建设一批青稞、藏药、藏猪和牦牛等生产基地，实施现代种业提升、能人培养带动、农牧民专业合作组织规范提质、现代农业产业园建设、农牧民素质提升等工程，做大做强藏药产业，做精做优林下资源开发，大力发展高原有机茶，扶持和培育农牧区新型经营主体，打造高原生物产业品牌，做强高原生物产业。因此，推动高原生物产业高质量发展已经成为西藏农牧业现代化发展、农牧区生态环境日益改善、农牧民生活水平稳步提高的指标性工程。大力发展高原生物产业，是稳步提高西藏农业综合生产能力、保障粮食安全的物质基础，是发展现代农业、建设社会主义新西藏的现实要求，是公共财政支持“三农”工作的重要战略举措，是促进农业可持续发展的重要手段，也是实现“两高一优”现代农牧业的历史使命，对生态文明制度体系更加健全、国家边防战略保障能力全面提升、党在西藏的执政基础更加坚实，全面开启社会主义新西藏现代化新征程具有重要的现实意义。

第一节　研究动态

关于生物产业的内涵和外延界定，世界各国的表述存在明显差别。美国等西方国家称之为“生物技术产业”，日本称为“生物产业”。目前，我国还没有一个标准的、统一的生物产业定义，一般采用“生物技术与产业”“现代生物技术产业”“生物技术产业”等三种常见表述。2021 年由化学工业出版社出版的《中国生物产业发展报告（2020–2021 年）》一书中使用了“生物产业”的表述。

一、西藏高原生物产业的提出

西藏地处祖国西南边陲，是我国重要的国家安全屏障和生态安全屏障。西藏有 64.27% 的人口生活在农牧区，经济社会发展的推动力是农牧业，发展高原生物产业是促进农牧民增收的源动力。作为我国的五大牧区之一，西藏具有特殊的地理位置和独特的气候条件，高原生物产业以“净土健康”享誉国内外，备受广大消费者的青睐，发展前景广阔。但与此同时，西藏高原生物产业发展起步晚、底子薄、规模小，以及产业链较短、营销理念相对滞后、发展短板相对突出。为着力推进高原生物产业高质量发展，2018 年西藏自治区政府工作报告中首次提出：重点发展“七大产业”[①]，推动高原生物产业快速发展。《西藏自治区国民经济和社会发展第十四个五年规划和二〇三五年远景目标纲要》围绕促进农牧业高质高效、农牧区宜居宜业、农牧民富裕富足的总体目标，明确提出依托西藏独特的自然生态资源与环境孕育独特的高原特色农牧业种质资源，对推进西藏高原生物产业规模适度、要素集聚、生产集约发展，推动品种培优、品质提升、品牌打造和标准化生产，加快产业转型升级，实现绿色发展、高质量发展，为将西藏建设成为我国重要的高原高质高效特色农畜产品生产基地奠定了坚实基础。

二、高原生物产业的研究动态

在我国，生物产业一般分为传统生物产业、现代生物产业两大类。传统生物产业主要是基于农牧业产出产品而开展的一系列经营活动。本研究

① “七大产业”：指高原生物产业、文化旅游产业、绿色工业、清洁能源产业、边贸物流产业、高新数字产业、现代服务业。

基于传统生物产业的内涵开展相关研究。

（一）国外研究动态

近年来，全球范围内生物产业增速明显，鉴于生物产业在未来市场竞争中的重要地位，大多数国家对生物产业发展作出了具体部署。从生产源头到具体生产过程，再到流通环节，美国处于全球绝对领先地位。以德国、法国、意大利为代表的欧盟的生物技术研究成果在全球范围内也具有举足轻重的影响。欧盟从基因移植到解码基因组，从基因组的破译再到生物基因组测序，从生物制剂的应用到生物杀虫剂的研制等视角展开研究，力图通过自主创新寻求生物产业的发展。

对生物产业发展投入要素研究，国外主要针对育种、农药、肥料、饲料等四个微观要素展开相关研究。一是育种方面。转基因技术已成为育种的重要组成部分。全球有 26 个国家涉及转基因作物种植，尤其是美国转基因作物种植面积占全球转基因作物种植面积的 40% 左右。二是农药方面。2014 年以来，世界各国所倡导的绿色农业和可持续农业对于农药的反向影响日益突出，国际农药市场的研发与销售的金额呈现逐年增长态势。三是肥料方面。欧美等发达国家生物肥料占比超过全球总额的 20%。其中，美国和巴西达到全球的 18% 左右。四是饲料方面。当前，全球市场上生物饲料种类繁多，且应用广泛，尤其是欧美发达国家的饲料应用已经超过 50%。

（二）国内研究动态

在政府宏观调控背景下，我国生物产业取得了前所未有的发展，逐步形成了长江中下游、珠江下游流域和首都经济圈三个综合性生物产业基地，在我国东北地区和中西部地区也有零星布局。国务院先后出台相关政策通过宏观调控，生物产业取得了显著成就，为促进我国生物产业发展打下了坚实的基础。梳理文献发现，国内学术研究领域主要从发展现状、趋势分析、政策探讨、发展预测、量化分析等多个方面开展相关研究。

在我国生物产业发展现状研究方面，沈伟桥（1998）介绍了我国生物技术及其产业化方面所取得的主要成果，并指出我国生物产业存在着基础研究薄弱、资金不足、产学研联系不紧密等问题。朱祯（2001）在其研究中介绍了全球农业生物技术产业发展状况，提到我国生物产业存在的发展程度和发展规模过低，企业没有承担研发主体等问题。崔辉梅等（2002）认为，生物技术的迅速发展，并逐步形成一批新兴产业。在我国生物产业快速发展的同时，也存在诸如科技投入明显不足、技术储备相对匮乏、创新成果不多、科技体制尚不能适应市场经济发展的需求、发展生物技术产业的政策环境和机制尚不完善等问题。张启发（2005）认为转基因技术应用对我国"三农"问题的有效解决意义重大。同时，也暴露出我国转基因发展具体措施有待改进、自主知识产权基因较少、转基因作物研发后劲不足等问题。

国内学者在生物产业的发展趋势预测和发展战略选择研究方面也取得了一定的突破。刘超（2003）指出了研究与开发、技术研发、资源投入、产品流通以及产学研合作的重要性。沈桂芳等（2004）认为以转基因植物为代表的农作物基因工程在世界范围内取得了飞速的发展，普遍预测认为，生物技术将成为21世纪的主导技术，生物产业将成为全球战略性新兴产业，生物技术产品在农业总产值中的比重将越来越大。陈岩等（2011）指出生物技术的广泛使用在解决人口、资源、食品等诸多问题上的作用日益突出，尤其是在农业方面的应用对于我国的发展具有非常重要的意义。研究发现：我国生物产业在农业自然资源、农业现代化进程等方面具有优势和机会，但在自主知识产权、社会化服务体系等方面却存在明显劣势和威胁。

理论学者还对我国生物产业发展的方向、创新体系构建和政策措施进行了深入研究。李思经（1999）认为对于现代农业生物技术投入了大量资金和人力，最终目的就是要为人类不断提供高新技术产品。为了争夺未来农业生物技术产品市场，中国必须迎接面临的挑战，制定出符合中国国情的现代农业生物技术产业化战略。章力建等（2001）阐述了我国生物技术产业发展的现状，并认为生物技术应重点解决我国目前环境污染的迫切问题：有受污染的农田的修复，水污染的治理，化学农药残毒对人和禽畜的危害，不可降解塑料造成的白色污染，农林废弃物、禽畜和水产养殖造成的污染等。马春艳等（2009）分析了自主创新体系对当前我国生物技术创新和产业发展的重要性，指出构建适合我国国情的“一体多翼双力”的国家自主创新网络体系的必要性，并提出自主创新环节需要从知识技术创新、知识传播、制度保障和创新服务等四个方面开展。刘波等（2011）发现生物产业创新道路选择的正确与否直接影响着该产业发展速度的快慢和国际竞争力的强弱。研究结合我国生物产业的创新实力、创新环境、生物产品生命周期等对我国生物产业技术创新途径的选择进行了实证分析。研究结论表明：自主创新道路是当前我国的最优选择。程明强（2014）分析了政府参与生物产业技术创新的作用，并提出了我国生物产业技术创新政策机制。李亦群（2005）提出了发展生物技术产业的对策有加大投入，多渠道融集资金；抓好优势重点项目，避免重复研究，坚持自主源头创新；加强人才队伍建设与政策支撑体系建设，以加速生物技术支柱产业建设步伐。

从投入要素、影响政策等方面研究生物产业，也是近年来我国学界的重要关注方向。谭军等（2015）指出：生物技术研究与开发利用需要结合传统育种、防疫、养殖、肥料及农药等，提升传统农业的品质；也需利用新兴生物技术促进农业与食品及环保的结合，开拓新的应用领域。许舒瑶等（2020）采用计量分析的方法，针对多份国家层面的生物产业结构性政策运用内容分析的方法，对政策工具进行分类分析；并构建了“政策工具—生物产业发展阶段”二维分析框架，探讨不同产业发展阶段之间政策工具使用的差异性。研究发现：中央政府与地方政府生物产业政策密集发布年份存在差异，且与生物产业发展关键节点关联性较强；国家层面生物产业政策的不同类型政策工具使用频率差距较大，以环境型政策工具为主，较少使用需求型政策工具。

把量化分析方法引入生物产业分析，也是研究者开展生物产业学术研究的方向之一。丁俊琦等（2020）认为：随着生物产业的快速发展，以生物医药为主的越来越多的企业涌现，提出如何促进生物企业产出效率是政府和企业自身最关注的问题。研究通过构建的生物产业上市企业绩效评估 DEA 模型，对全国 370 家生物产业上市企业的投入产出效率情况进行评估。研究结果显示，全国生物产业上市企业平均综合技术效率（综合技术效率 = 纯技术效率 × 规模效率）为 0.596，提升空间较大；制约我国生物产业上市企业综合技术效率的主要因素是纯技术效率；较大型生物产业上市企业应优化投入、减少冗余，较小型生物产业上市企业则需要扩大企业规模。尹政清等（2020）指出：生物经济时代开启了人类新一波技术产业革命，我国针对生物产业作出的战略部署已经取得了明显成效，但在生物产业发展过程中仍存在区域发展不平衡等问题。为综合评价我国各区域生物产业竞争力现状，研究从生物医药、生物能源、生物农业和生物工业四个细分产业角度构建了生物产业整体竞争力评价指标体系，通过层次分析法确定了各评价指标的权重，并通过实证分析计算了我国不同地区生物产业的综合竞争力指数。评价结果表明：我国各区域生物产业竞争在空间上呈现梯度分布现象。段若琳等（2019）从影响云南省生物产业发展的工业产值、销售额、从业人员数及生物产业固定资产投资等因素，采用回归分析法进行分析后，发现生物产业固定资产投资对生物产业总产值影响不显著。在剔除生物产业总产值这一不显著的解释变量后，再次进行回归分析，得出最终研究模型和相关结论。陈澍等（2018）构建了一套生物产业集群自主创新能力评价指标体系，实现对生物产业集群各项水平的定量分析。结合 Copula 函数的数理模型，通过相关系数及相关性的计算，确定各项指标在评价体系中的权重来完善自主创新能力评价体系以适应不同具体环境和条件下的生物产业集群。

杨文彩等（2016）为探究生物产业基础性科研团队认知匹配对协同生态效能的影响机理及效应，提出关键因子对团队协同生态效能影响机理的概念模型，结合实地调研数据，采用结构方程建模法进行实证分析。研究结果显示：团队效能感对效率、团队未来生产力、成员满意度有显著的直接影响；自我效能感对协同生态效能的任何维度都没有显著影响；科研价值观对协同生态效能的效率、绩效、团队未来生产力有直接影响，而团队未来生存力对成员满意度影响是间接的。

此外，对生物产业内部融合研究和跨区域横向联合研究，同样是学术界研究分析的一个重要视角。王淑荣（2018）提出农村一二三产业融合战略为生物产业和农业的增长提供了契机和思路；研究认为农业与生物产业的融合具体包括扶持龙头企业、加强产业基地建设、产业引导刺激市场需求、扩大扶持范围和受益条件、加大人才培养力度及创新商业模式等支持策略。刘红鸣（2019）指出：进入21世纪，武汉着眼推动汉台重点产业深度合作，培育壮大两地经济合作新的增长点。研究从两地生物产业发展优势、合作契合点、面临的困难、合作举措等方面对推动汉台生物产业合作进行分析，提出期待更多力量参与到推动汉台生物技术产业合作的研究和实践之中。

第二节　研究意义

西藏地处祖国西南边陲，是我国重要的国家安全屏障和生态安全屏障。截至2020年底，西藏总人口364.81万人，农村人口占西藏人口总数的64.27%，农林牧渔业总产值占西藏总产值的12.27%。[①] 可以说，西藏稳定的根基在农牧区、发展的重点在农牧业、强边的主力军是农牧民，生态

① 数据来源《西藏统计年鉴（2021年）》。

保护同民生改善协同发展的结合点是“三农”。着力推进高原生物产业高质量发展，是稳步提高西藏农业综合生产能力、保障粮食安全的物质基础，是发展现代农业、建设社会主义新西藏的现实要求，是公共财政支持“三农”工作的重要战略举措，是实现规模适度、要素集聚、生产集约发展，推动品种培优、品质提升、品牌打造和标准化生产，加快产业转型升级的重要抓手，是提高农牧业整体效益的重要手段，也是新时期高原生物产业绿色发展、高质量发展的重要历史使命，具有深远的战略意义。

一、推动高原生物产业高质量发展是把握发展主动权，夯实党在农牧区执政基础的前提条件

改革开放以来，西藏农牧业从调整生产关系入手，先后进行了系列综合改革，取得了农牧业基础地位得到加强、农牧业综合生产能力显著提高、农牧区基础设施建设不断加强、农牧民生产生活条件极大改善、农牧业科技综合贡献率大幅提升、农牧业社会化服务体系初步形成等伟大成就。尤其是2018年以来，西藏自治区党委、政府把促进高原生物产业高质量发展作为促进农牧业强、农牧区美、农牧民富的重中之重，作为巩固拓展脱贫成果与乡村振兴有效衔接的关键举措。在高原生物产业发展过程中，通过科学制定产业发展规划，出台系列具体实施措施，履行发展主体责任，深化产业结构调整，拓宽农牧民持续增收渠道，选优配强村居“一把手”，发挥驻村工作队作用，狠抓高原生物产业发展培训和农牧民教育，着力打造了一批感党恩、听党话、跟党走，善团结、会发展、能致富的基层工作队伍，为西藏农牧区基层社会治理和强化党的执政地位打下了坚实基础。

二、推动高原生物产业高质量发展是凸显产业特色，着力打造西藏特色优势产业的战略选择

西藏拥有比较优势突出，且相对丰富的高原生物资源。近年来，西藏按照特色化、差异化开发方针，特别重视提升高原生物产业的发展水平，使其从粗放生产逐步走向标准化、规范化、规模化生产，“人无我有、人有我优、人优我特”的高原生物特色产业体系初步形成。截至2020年底，西藏拥有农业产业化龙头企业144家，其中国家级龙头企业11家。农业农村功能实现从提供单一的农产品和原材料向提供经济、生态、文化等多种功能产品的转变。产业融合步伐不断加快，成功创建国家级青稞优势产业集群1个、现代农业产业园4个、产业强镇6个、“一村一品”示范村镇35个，打造全国休闲农业与乡村旅游示范县7个，创建全国农村一二三产业融合发展先导区两个。2021年，农畜产品加工业总产值达57亿元，比2015年提高56.15%。立足西藏资源比较优势，基本形成主体功能明显的高原生物产业基本格局，即“一江四河”[①]农耕产业带、阿里—那曲高寒牧业区。

三、推动高原生物产业高质量发展是加快经济方式转变，缩小城乡差距和拓展新经济增长点的重要途径

党的十九大以来，西藏加快推进产业结构调整，努力构建高原生物产业体系，建立健全相关政策措施，对积极促进高原生物产业调结构、稳增长起到了重要支撑作用，对改善农牧民生活品质、提升农牧民幸福指数发挥了关键性作用。近年来，在西藏自治区党委、政府强有力的主导下，通过鼓励资本、劳动力、技术等要素在高原生物产业内自由流动，以及提高

① “一江四河”：一江指雅鲁藏布江；四河指拉萨河、年楚河、雅砻河、尼洋河。

高原生物产业发展交易效率等相关经济活动，高原生物产业在资源有效配置中为西藏经济增长营造了良好的内外部环境。但是，纵观西藏总体发展态势，城乡二元经济结构仍然存在。提升农牧民生活品质以及实现经济发展转型需要缩小城乡差距，而缩小城乡差距的重要途径就是要促进高原生物产业高质量发展。当前，西藏农林牧产品循环利用环节相对单薄，农牧业附加值相对较低。因此，在资源与环境的双重约束下，西藏发展不平衡不充分问题在农牧业领域表现尤为突出，实现农牧民持续增收需要加强农林牧产品的综合利用和循环利用，发展高原生物产业已经成为解决西藏经济发展过程中长期存在的不平衡不充分问题的关键，也是拓展新经济增长点的重要途径。

四、推动高原生物产业高质量发展是提升农牧民内生动力，加快兴边富民，实现长治久安的主要抓手

受传统发展理念的影响，西藏部分农牧民的增收意识淡薄、发展动力不足、致富能力相对较差，尚存在“宁可临潭羡鱼，不可退而织网”的思想。通过全力打造高原生物产业，促使农牧民从身边熟悉的资源入手，通过农家书屋、互联网、电视媒体等多种途径，让农牧民了解自身所生活区域具有哪些优势资源，这些优势资源的主攻方向和发展模式，提升农牧民的资源认知水平，逐步提升内生发展动力。同时，坚决贯彻落实国家给予边境地区的特殊优惠政策，深入开展兴边富民行动，支持边境地区加快发展高原生物产业，为西藏实施乡村振兴战略打下良好基础，使边境地区各族群众通过发展高原生物产业增收致富。实行差别化的高原生物产业政策，优化发展特色优势产业的环境，将兴边富民补助资金用于支持高原生物产业发展，并通过协调金融部门和中小企业担保机构加大对高原生物产业发展的支持力度，增强农牧民参与高原生物产业发展的积极性，为农牧民持

续增收打牢坚实的思想基础。因此，大力发展高原生物产业，是提升农牧民内生动力，加快兴边富民，实现西藏长治久安和高质量发展的主要抓手。

第三节　研究必要性

发展西藏高原生物产业是一项利在当代、功在千秋的重大工程，是发展所需、民心所向的时代要求。西藏大力发展高原生物产业有政策、有基础、有保障、有潜力，前景广阔，意义深远。

一、高原生物产业是西藏融入“一带一路”建设的重要支撑

鉴于西藏在“一带一路”建设中的区位优势，大力发展高原生物产业，对于加快建设南亚重要通道，对接“一带一路”建设和孟中印缅经济走廊，推动环喜马拉雅经济合作带建设，促进高原生物产业交流与合作将起到举足轻重的作用。

二、发展高原生物产业是实现西藏农牧业可持续发展的重大举措

西藏地广人稀，土地资源宝贵，高原生物产业高质量发展必须立足山水田林路综合治理，桥涵闸机综合配套，水利、农业、林业（草业）、科技措施综合运用，有效提升农牧业综合防灾减灾能力，提高土地产出率、资源利用率、劳动生产率，走以内涵开发为主的可持续发展路子。实施高原生物产业综合开发，通过合理利用农田，保护耕地，加强土壤改良和农田整治，推广节水增效技术，防止土壤退化、肥力下降，能够促进农业生态环境良性循环和可持续发展。

三、发展高原生物产业是西藏构建新型农牧业经营体系的有效途径

发展多种形式规模经营，扶持发展新型农牧业经营主体、健全农牧业社会化服务体系、加快农牧区供销合作社改革发展是构建西藏新型农牧业经营体系的必由之路。经过不断探索和实践，西藏农牧业发展的思路更加清晰，特点更加明显，措施更加扎实有效，综合生产能力不断提高，科技创新能力进一步提升，营销渠道不断通畅，农牧民收入持续增加，新型农牧业经营体系初步形成，为西藏农牧业大发展奠定了坚实基础。

四、高原生物产业是西藏高原具有广阔发展前景的新兴产业

生物产业是21世纪具有广阔前景的新兴产业。相关数据显示，2020年，西藏高原生物产业总体呈现稳中有进的态势。2020年，西藏完成农林牧渔业总产值233.53亿元，同比增长8.2%；其中农业总产值103.99亿元，同比增长8.0%；牧业总产值119.69亿元，同比增长8.8%。[①] 西藏17家藏药生产企业总产值8.38亿元、总销售额9.24亿元。截至2021年底，西藏十大高原生物产业基地建设正在有序推进，全年农作物播种面积274.20千公顷，比上年增加7.29千公顷。其中，青稞面积140.71千公顷，增加1.92千公顷；小麦面积32.49千公顷，增加2.63千公顷；油菜籽面积18.96千公顷，减少1.16千公顷；蔬菜面积29.36千公顷，增加3.54千公顷。牲畜存栏总数1692.52万头（只、匹），比上年末增加34.99万头（只、匹）。其中，牛657.06万头，同比增加33.04万头；羊942.32万只。全年猪牛羊肉产量达26.95万吨。生牛奶产量48.85万吨，增长8.8%。[②] 西藏农牧

---

① 数据来源《西藏统计年鉴（2021年）》。

② 数据来源《2021年西藏自治区国民经济和社会发展统计公报》。

业产业化龙头企业达到 156 家，农牧业专业合作社总数达到 13876 家，家庭农场达到 225 家。因此，西藏自治区将高原生物产业作为优先发展的战略性产业纳入推动西藏长治久安和经济社会高质量发展的支柱性产业，其发展优势逐步凸显，未来发展前景广阔。

第二章　西藏高原生物产业发展环境和资源条件

准确把握西藏高原的自然环境与区域特征，科学判断西藏经济社会发展态势，详细梳理西藏产业发展的政策支撑，对转变农牧业发展方式，调整农牧业生产结构，提高生物资源产业效率，稳步推进高原生物产业可持续发展具有重要的指导作用。

第一节　发展特征

西藏土地辽阔，但其宜农土地呈现少而分布相对分散的基本特征；宜牧土地数量大，但质量差异大；宜林土地质高量大，高寒干旱且难利用土地较广。这些特点决定了西藏农林牧生产的结构、规模和布局。

一、自然环境特征

（一）区位特征

西藏位于北纬 26°　51′　~ 36°　28′　和东经 78°　23′　~ 99°　08′　之间，东西长约 2000 公里，南北宽达 1000 公里。北界昆仑山、唐古拉山，与新疆维吾尔自治区和青海省毗邻；东隔金沙江，与四川省相望；东南与云南省相邻；南界喜马拉雅山脉，与尼泊尔、印度、不丹和缅甸接壤；西与克什米尔地区相邻。幅员面积达 120 多万平方千米，约占全国国土面积的 1/8，为我国第二大省（区）。国境线长达 4000 多公里，占全国陆地边境线 1/6 以上，是我国西南边陲的重要门户和屏障，战略地位十分重要，区位优势极为明显。

（二）地形地貌特点

西藏地形大体可分为三个不同的自然区。北部藏北高原面积约占西藏总面积的三分之二，自然条件相对恶劣；藏南谷地位于冈底斯山和喜马拉雅山之间，即雅鲁藏布江及其支流地区，自然条件相对较好；东部为高山峡谷区，为一系列由东西走向逐渐转为南北走向的高山峡谷区，是著名横断山脉的一部分，立体农业气候明显。地貌基本上分为极高山、高山、中山、低山、丘陵和平原等6种类型，此外，还有冰原地貌、岩溶地貌、风沙地貌、火山地貌等。

（三）气候特征

西藏是北半球气候变化的启动器和调节器，也是气候敏感区和脆弱区，升温效应比其他地区更为显著。气候水平和垂直变化明显。在水平方向上，从东南往西北可划分出热带、亚热带、高原温带、高原亚寒带和高原寒带等气候带。在每一个纬度带，又可分出以该纬度带为基带的多层次气候带。总体上高海拔的地形，导致西藏气温低、气候多变，植物有效生育期短，动物生长发育缓慢，给农牧业发展带来不利的影响。西藏降水量区域差异明显，藏东南和喜马拉雅山脉南坡降水丰富。气温年较差小、日较差大，表现出一天中升温与降温迅速。西藏高原不仅大风多，而且持续时间长，是我国大风日数量多、范围最大的地区。

（四）自然灾害频发

特殊的地理位置和地质构造、复杂多变的气候，导致西藏自然灾害频发，有灾害种类多、分布地域广、发生频率高及灾害损失重的特点，灾害威胁很大。破坏性地震分布广、强度大，泥石流、滑坡、冻土冻融、洪水、沙尘暴与沙尘天气、风灾和雪灾每年都有发生。

（五）湖泊河流众多

西藏湖泊星罗棋布，大小湖泊有千余个，是我国湖泊最多的地区，面积达 2.38 万平方千米。分布有盐湖 490 个，是全球海拔最高、范围最大、数量最多、资源最为丰富的高原盐湖分布区，氯化钠、硼、芒硝、钾、锂、镁、铯等资源储量大、品位高。湖泊淡水资源十分丰富，储量约为626亿立方米。河流年平均径流量高达48亿立方米，占全国水资源总量的16%，居全国首位。

二、西藏高原生物资源区域特征

综合考虑区域自然资源条件、经济社会发展水平和产业发展基础，依据生产要素划分，将农牧业发展区域按照农业区、牧业区和半农半牧区划分，西藏74个县（区）的区域分布状况和特点各不相同、独具特色。（见表2–1）

（一）农业区

西藏35个农业县主要分布在“一江四河”流域、“三江”[①]流域区域。其区域特征是耕地资源较为丰富，土壤较为肥沃，年降雨量较大，有较好的灌溉条件和农田基础设施，适宜农作物生长，交通条件相对便利，人口密度相对较大，适宜发展种养业和农业产业化经营。

（二）牧业区

西藏15个牧业县以发展草地畜牧业生产为主。牧业区海拔高，气候寒冷，多为高寒草甸牧场，草场生产力低，生态环境脆弱，耕地资源稀缺，人口少且远离城镇，不适宜农作物生长，适宜发展畜牧养殖业。开发注重草地生态建设，大力推进划区轮牧、人工草地工程和草原病虫害与鼠害防治工程，全面加强草地保护和畜牧业发展。

（三）半农半牧区

西藏24个半农半牧县是以种植业为主的农业区和以草地畜牧业为主的牧业区之间的过渡地区，既有种植业生产，又有草地畜牧业生产。种植业区的海拔相对较低，土壤较为肥沃，年降雨量相对较大，适宜农作物生

① 三江：澜沧江、金沙江、怒江。

长。畜牧业区以草地畜牧业为主，开发注重农牧结合，宜农则农，宜牧则牧，强化农牧优势互补。

表 2-1　西藏各县（区）区域特征分类表

序号	分类	个数	县（区）名称					
1	农业县	35	城关区	墨竹工卡县	达孜区	堆龙德庆区	曲水县	尼木县
			墨脱县	米林县	巴宜区	波密县	察隅县	朗县
			芒康县	左贡县	洛隆县	边坝县	乃东区	扎囊县
			贡嘎县	桑日县	琼结县	洛扎县	加查县	隆子县
			桑珠孜区	南木林县	江孜县	定日县	萨迦县	拉孜县
			白朗县	仁布县	定结县	吉隆县	聂拉木县	
2	牧业县	15	当雄县	仲巴县	萨嘎县	色尼区	双湖县	嘉黎县
			聂荣县	安多县	申扎县	班戈县	巴青县	尼玛县
			革吉县	改则县	措勤县			
3	半农半牧县	24	林周县	卡若区	江达县	贡觉县	类乌齐县	工布江达县
			丁青县	察雅县	八宿县	曲松县	措美县	错那县
			浪卡子县	昂仁县	康马县	亚东县	岗巴县	谢通门县
			比如县	索县	普兰县	噶尔县	札达县	日土县
合计		74						

三、西藏高原生物资源生产状况

（一）耕地资源

据《西藏统计年鉴（2021 年）》统计，西藏现有耕地面积 248.86 千公顷，其中旱田247.85千公顷，占总耕地面积的99.6%；水田1.01千公顷，仅占总耕地面积的0.4%。西藏有60.8%的耕地分布在海拔3500~4100米之间，有22.2%的耕地分布在4100米以上，有11.4%的耕地面积分布在2500~3500米之间，剩下5.6%的耕地分布在海拔2500米以下的地区。耕地海拔垂直跨度大，跨度为610~4795米，堪称世界之最。现有耕地主要分布在西藏七地市的5个地市31个县区，耕地面积251.09万亩，主要分布在旁多灌区、江北灌区、满拉灌区、拉洛灌区、湘河灌区、多布灌区等重点水利工程区域，以及“一江四河”流域、“三江”流域区域。其中：拉萨市25.32万亩，日喀则市129.86万亩，山南市49.93万亩，林芝市19.23万亩，昌都市26.75万亩。现有耕地面积中，高标准农田建设面积相对较少，大部分为中低产田。

（二）草场资源

西藏可利用天然草地面积10.6亿亩，约占西藏总面积的68%，位居全国第一。西藏的天然草场资源主要分布在藏西北的阿里地区、藏北的那曲市、日喀则市西部、昌都市东北部、山南市西南部、拉萨市西北部。西藏草地植物丰富，共有3171种，其中饲用植物2672种，分属83个科，557属，分别占西藏草地植物科、属、种总数的71%、87.03%、84.26%。在草地中分布最广的是禾本科的针茅属、莎草科的蒿草属、菊科的风毛菊属和蓼科的蓼属。其中菊科饲用植物352种，禾本科牧草306种，蔷薇科饲用植物157种，豆科150种，石竹科128种，莎草科和十字花科116种。据2020年统计，西藏人工饲草种植面积为107.18万亩，其中拉萨市为131557.90亩，日喀则市为247525.00亩，山南市为272345.00亩，林芝市为102085.50亩，昌都市为148807.00亩，那曲市为135973.03亩，阿里地区为33497.50亩。饲草饲料播种面积为28.43万亩，青饲料播种面积为24.21万亩，青贮玉米播种面积为4.22万亩。

（三）动植物资源

西藏是中国植物最富集的省区之一，几乎包含了北半球从热带到寒带的各种植物物种科属和生态类型，是全球最丰富、最独特的野生植物宝库。目前已知野生植物有6897种，其中，药用植物1000多种，真菌880余种。大型经济真菌有588种，占全国经济真菌的43.8%；松茸等食用菌415种，虫草、灵芝等药用菌238种。陆栖脊椎动物计有730种，占全国的32.8%，其中有22种为西藏（青藏）高原特有种；裂腹鱼类种类和数量均占世界裂腹鱼类的90%以上。陆生无脊椎动物昆虫有2307种，其中蝙蝠蛾类幼虫9种，其种类和群体数量是直接影响虫草产量的一个重要因素。有300余种植物、140余种动物被列入国家重点保护和《濒危野生动植物种国际贸易公约》（CITES）附录。藏羚羊数量占全世界整个种群数量的70%以上；黑颈鹤越冬数量占全世界的80%；野牦牛数量占全世界的78%。

（四）特色高原生物资源

畜禽品种主要有牦牛、藏系绵羊、藏山羊、藏猪、藏鸡等。粮食作物主要有青稞、小麦和豆类，以青稞为主。经济作物主要为茶叶、油菜。藏药材主要有红景天、虫草、天麻等300多个品种。林下资源丰富，仅食用菌就有400多种，药用菌138种。西藏青稞种植面积大，资源优势明显，高原特色突出，具有巨大的开发价值。西藏土豆品种有60多种，南木林县的“艾玛土豆”被认定为区级著名商标；贡嘎县红土豆曾获国际农博会金奖，为地理标志产品。西藏水果主要有桃、葡萄、苹果。主要水果品种具有个体大、着色好、含糖量高的特点；核桃以皮薄、肉嫩、肉满、肉质香醇甜润而享誉高原。茶叶品种主要是高山绿茶，其茶水浸出物、茶多酚含量明显高于其他同类绿茶产品。

第二节　发展环境

进入新发展阶段，面对诸多利好政策，西藏高原生物产业紧紧把握国内外发展形势，准确识变、科学应变、主动求变，在危机中育新机、于变局中开新局，抓住机遇，应对挑战，趋利避害，奋勇前进，全面开启高质量发展新征程。

一、新时代西藏高原生物产业高质量发展的新机遇

深刻认识稳住农业基本盘、守好“三农”基础是夯实西藏“稳粮、兴牧、强特色”高原生物产业发展战略的“压舱石”，西藏只有抓住机遇，应对挑战，促进高原生物产业全面升级，让农牧业强起来、农牧区美起来、农牧民富起来，努力开创农牧业农牧区发展新局面，才能为高原生物产业高质量发展提供重要支撑。

（一）中国经济长期向好，为西藏高原生物产业发展提供了良好的外部环境

新冠肺炎疫情的发生延缓了世界经济复苏的步伐，经济全球化进程放缓。但我国经济长期向好的基本面没有改变，我国经济发展进入高质量发展阶段，创新、协调、绿色、开放、共享的新发展理念，为西藏经济高质量发展指明了方向。新技术的加速发展和快速转移，特别是向中西部地区的产业转移和落地，为西藏承接产业转移、加快产业转型升级提供了新的机遇。“十四五”期间，国家将深入实施“一带一路”、乡村振兴、西部大开发等重大战略部署，西藏聚力推进“拉萨核心城市建设”“三小时经济圈建设”“藏川滇青交界区域中心城市”“藏东经济强区”以及“三江流域生态保护示范区”，有力深化区域竞争与合作、扩大对外开放，充分利用国家和区域战略政策叠加效应，为产业对接、设施联通、贸易畅通、文化沟通等领域的开放合作带来了多重政策红利和历史性机遇，西藏高原生物产业高质量发展也迎来了千载难逢的发展机遇。

（二）对口援藏持续深入，为西藏高原生物产业发展提供了重要保障

党中央历来高度重视西藏工作，习近平总书记在中央第七次西藏工作

座谈会上的讲话更加明确了新时代党的治藏方略，开创了援藏工作的新局面。中央支持西藏、全国支援西藏是党中央的一贯政策，为建设团结富裕文明和谐美丽的社会主义现代化新西藏提供了强有力的政策支持与保障。西藏在公共服务提升、基础设施建设、生态环境保护等领域加大扶持力度，统筹谋划、分类施策、精准发力。援藏城市加强同西藏的协调配合，在改善基础设施、保障和改善民生、发展特色产业、加强生态保护等方面提供政策、资金、智力支持。“十四五”期间，党中央对西藏的支持政策将保持稳定性和持续性。全国将提供与时俱进、西藏亟需的资源和要素，扶持重点将进一步倾斜涉农产业，尤其是扶持西藏高原生物产业加快发展，高原生物产业结构不断调整优化，科技支撑能力不断增强。

（三）西藏自治区党委、政府高度重视，为西藏高原生物产业发展提供了有力支撑

西藏各级党委、政府一系列利好举措为西藏整体发展提供了有力支持。“十四五”期间，随着各级党委、政府聚焦实体经济，巩固拓展脱贫攻坚现有成果，大力推进乡村振兴和生态保护，有效扩大投资等一系列重要举措的实施，尤其是随着一大批重点项目落地见效，制约高原生物产业发展的交通、能源、农田水利、电子商务等基础设施发展短板得到全面补齐，为西藏高原生物产业高质量发展提供了有力支撑。

二、新时代西藏“三农”工作的新特征

从区域发展来看，西藏承担着建设国家重要的生态安全屏障、维护边疆稳定安全的历史使命。但是，由于发展起步较晚、发展底子相对薄弱，西藏“三农”发展仍然是制约西藏经济社会高质量发展的主要瓶颈，是西藏目前面临的关乎国计民生的根本性问题。当前，西藏“三农”工作呈现出“六期叠加”的新的阶段性特征。

（一）农牧业进入高质量发展的转型期

农牧业综合生产能力大幅提升，青稞、肉奶等重要农产品有效供给保障能力进一步提高，农牧业产业链供应链初步形成，农牧业现代产业体系、生产体系、经营体系逐步建立，正处于由重产量到重质量、重一产到重一二三产融合发展、家庭经营为主到各类新经营主体和适度规模经营、满足基本口粮需求和自给自足到满足市场需求和提高商品率的转型阶段。

（二）农业农村现代化进入同步推进期

农业现代化逐步推进，农村建设力度不断加大，正处在由重“物”到重“人”、重农业高质量发展到重农村宜居宜业协同发力、共同发展的同步推进阶段。

（三）农村改革进入深化期

农村改革有序稳慎推进，农村土地制度改革、集体产权制度改革取得初步成效，正处在由试点探索到全面推进、积累经验到系统集成运用成果、稳慎有序到加快推动的深化阶段。

（四）农牧业科技创新进入突破期

农牧业先进技术得到推广应用，科技支撑能力显著增强，发展现代高质高效农牧业已经步入加大创新力度、体现特色引领、突破瓶颈制约、加快成果转化、促进农牧业提质增效和农牧民增收致富的突破阶段。

（五）城乡发展进入加速融合期

城镇化进程不断推进，城乡差距逐步缩小，正处在促进城乡要素顺畅流通与平等交换、着力缩小收入差距、提升基础设施和公共服务均等化水平、加快构建新型工农城乡关系的融合阶段。

（六）促进农牧民持续稳定增收进入攻坚期

农牧民人均可支配收入长期保持快速增长，生活水平显著提高，正处在进一步拓宽增收渠道、优化收入结构、保持稳定就业、提高技能水平和创收能力、实现可持续增收的攻坚阶段。

三、新时代西藏积极融入国内国际双循环的新使命

坚持以供给侧结构性改革为主线，以高质量供给适应引领创造新需求，强化与区外联通，主动融入全国大市场，推动高原生物产业供需实现更高水平良性循环。

（一）培育壮大区内市场

立足区内市场，注重高原生物产业需求侧管理，打通堵点，补齐短板，贯通生产、分配、流通、消费各环节，形成需求牵引供给、供给创造需求的更高水平动态平衡，提升高原生物产业体系整体效能。增强消费对高原生物产业发展的基础性作用，顺应消费升级趋势，提升传统消费，培育新型消费，增加公共消费，鼓励消费新模式新业态发展，开拓城乡消费市场，放宽服务消费领域市场准入，强化消费者权益保护。发挥投资对优化供给结构的关键作用，拓展高原生物产业投资空间，优化投资结构，加快补齐产业基础设施、农畜产品加工、产品营销等领域短板，积极探索网红代购、电子商务、线上线下营销等薄弱环节发展策略，发挥政府投资撬动作用，激发民间资本活力，形成西藏高原生物产业市场主导的投资内生增长机制。

（二）加强区域交流合作

依托西部大开发新格局，积极融入成渝地区双城经济圈、大香格里拉经济圈、陕甘宁青经济圈，发挥西藏区位优势、通道优势、经贸合作优势，对接国家西部陆海新通道。依托对口援藏合作，抓住京津冀协同发展、粤港澳大湾区建设、长三角一体化发展、长江经济带发展、黄河流域生态保护和高质量发展等国家重大区域战略机遇，促进西藏与中西部地区、东部沿海地区，在西藏高原生物产业发展中的优势互补、协同发展。加强与成渝地区双城经济圈、大香格里拉经济圈、陕甘宁青经济圈的深度合作，探索建设西藏高原生物产业“飞地”产业园区、跨省合作园区，鼓励在西藏城镇建立园区，搭建涉农企业合作平台，逐步形成新型区域

互惠合作关系。

（三）持续深化对口支援

坚持长期援藏、精准支援，正确处理好中央关心、全国支援和自力更生、艰苦奋斗的关系，推动对口支援工作针对西藏高原生物产业发展的更深层次、更高质量、更可持续发展，提升对口支援与合作交流水平。一是加强智力援藏。统筹各渠道援藏、长短期援藏和柔性引才，提高西藏高原生物产业急需紧缺专业技术人才选派比例，鼓励优秀援藏干部人才留藏工作。深化培训交流与合作，加大西藏高原生物产业从业人员到其他省（区、市）跟岗培训力度。健全完善“小组团”援藏工作机制，大力推进对西藏高原生物产业重要环节、重点产品、关键技术的支援。二是积极引导援藏资金投入倾斜西藏高原生物产业发展。不断深化拓展援藏方式，逐步从给资金、建项目的“输血式”援藏向“造血式”援藏转变，提升西藏高原生物产业自我发展内生动力。三是拓宽市场合作渠道。坚持“引进来”与“走出去”相结合，鼓励和支持对口援藏省（市）优势企业投资西藏高原生物产业。引进援藏省（市）、中央企业先进经营管理理念，加大西藏高原生物产品在援藏省（市）大型会展、营销网络的宣传、推介、销售力度，帮助西藏企业开拓内地市场，创新互惠互利合作关系。正确处理好央企在藏资源开发和解决当地农牧民增加收入的关系，鼓励支持央企在藏注册法人机构，支持央企在藏机构与西藏涉农企业开展深度合作。

四、新时代西藏主动打造对外开放的新格局

全面提升对外开放水平，深度融入共建“一带一路”，加快构建西藏高原生物产业内外结合、优势互补、互利共赢的沿边开放交流协作关系，建设面向南亚开放的重要通道，提升西藏在国家对外开放格局中的战略地位，凸显西藏高原生物产业在西藏对外开放中的核心地位。

（一）打造对外合作平台

积极推动“环喜马拉雅经济合作带”、高原丝绸之路、冈底斯国际旅游合作区、跨喜马拉雅立体互联互通网络建设。推进日喀则、阿里建设面向南亚开放的中心城市。加快建设吉隆国家重点开发开放试验区和边境经济合作区，建设拉萨综合保税区和日喀则保税物流园区。加快智慧口岸建设，加强口岸基础设施建设和国际贸易“单一窗口”推广应用。提升樟木口岸货物通道功能，推动亚东、日屋（陈塘）口岸开放及限定区域划定建设，提升拉萨航空口岸功能，推进昆莎航空口岸建设和开放。加强与周边国家毗邻地区经济合作区建设，加强边贸市场建设，开展边民互市贸易进口商品落地加工试点。推进自由贸易试验区改革试点经验在西藏复制推广落地，申报建设中国（西藏）自由贸易试验区。

（二）深化经贸文化合作

以西藏高原生物产业发展为支撑，提升中国西藏旅游文化国际博览会、中国西藏－尼泊尔经贸洽谈会、中国西藏发展论坛、中国西藏鲁朗“环喜马拉雅”国际合作论坛功能定位和影响力，打造我国面向南亚乃至全球的高层次国际交流合作平台。深化中尼面向发展与繁荣的世代友好的战略合作伙伴关系，加快中尼友谊工业园项目建设。加强与尼泊尔、不丹、印度等南亚国家人文交流，夯实国家交往的民意基础。支持西藏航空公司、喜马拉雅航空公司做大做强，建设对外交往“空中走廊”。提升南亚标准化研究中心（拉萨）建设水平，增强对外开放服务能力。积极开展对外文化交流，全方位提升西藏“三农”文化软实力。

（三）完善扩大开放政策

稳步扩大对外开放，有序扩大开放范围，简化我国公民前往边境地区手续。建设电子口岸，提升跨境贸易便利化水平，全面落实通关改革措施。落实外商投资准入前国民待遇加负面清单管理制度，引导外商在西藏鼓励发展的行业领域投资。加强与周边国家的金融交流合作，推动降低口岸个人本外币兑换特许机构准入门槛，建立金融服务互联互通机制，扩大人民币在周边国家双边贸易和投资中的使用。鼓励与周边国家金融机构互设分支机构，畅通人民币结算、清算渠道，为西藏高原生物产品进入国际市场夯实基础。

第三节　政策支撑

坚持权利平等、机会平等、规则平等，坚决破除各种隐性壁垒，支持非公经济和中小微企业发展。落实西部地区鼓励类产业目录和国家各项财政、税收、金融优惠政策，加强银行信贷扶持，积极争取开发性、政策性金融支持，鼓励商业银行加大信贷投放力度，开发具有西藏特色的金融产品和服务，增强服务实体经济能力。积极推进西藏高原生物产品研发推广应用，对本土资源加工类产品出藏运输费用给予财政补贴，增强保持产业链供应链稳定能力，加强供需动态匹配。构建有利于新技术、新产品、新业态、新模式发展的政策环境。

一、国家政策支持

党中央、国务院先后出台20个中央一号文件，以“强化农业基础、惠及农村发展、富裕农民生活”为目标聚焦“三农”，提出了“以工带农，以城补乡”和“多予、少取、放活”的发展方针，构建了“强农、惠农、富农”的政策体系。国务院从1990年开始将西藏纳入国家农业综合开发区域范畴，并持续加大资金、技术支持。考虑到西藏经济社会发展底子薄、农牧业发展短板多、生态环境保护任务重的实际，国家在发展高原生物产业方面给予了西藏特殊优惠政策。在资金投入上，逐年增加西藏农牧业综合开发财政资金数额，增加幅度高于中央财政对全国农业综合开发资金增长比例；

地方财政资金配套比例在全国最低。在项目管理上，专门制定了西藏新增或相应新增农发县的准入标准，门槛低于全国其他省区。同时对农业综合开发区的高标准农田和产业化经营项目的审批也给予了倾斜，这些特殊优惠政策对西藏高原生物产业开发提供了坚实的政策保障。

二、西藏政策导向

按照“一产上水平”的发展战略，坚持以人为本、生态优先、立农为本、立草为业，加快转变农牧业发展方式，走出一条挖潜提质增效的内涵式发展路子；提出“资金安排要向高标准农田聚焦、项目布局要向粮食主产区聚焦”的要求，经济社会由“温饱型”向“稳定型、发展型、质量型、生态型”转变，力求高原生物产业开发在传统农牧业向现代农牧业转变、农牧民增收等方面取得新突破，为实现农牧业产业化夯实基础。同时，《西藏自治区国民经济和社会发展第十四个五年规划和二〇三五年远景目标纲要》提出，推动高原生物产业快速发展。加快高原特色农产品基地建设，高标准建设一批青稞、牦牛等特色农产品生产基地和产业带，实施现代种业提升、能人培养带动、农牧民专业合作组织规范提质、现代农业产业园建设、农牧民素质提升等工程，做大做强藏药产业，做精做优林下资源开发，大力发展高原有机茶，扶持和培育农牧区新型经营主体，打造高原生物产业品牌。这些产业政策的出台，为西藏高原生物产业高质量发展提供了重要保障。

三、西藏决策部署

（一）优先发展高原生物产业

提高高原生物产业市场竞争力，深化农牧业供给侧结构性改革，推进农牧业数字化转型，建设智慧农牧业，着力建强现代农牧业产业体系、生产体系和经营体系。实施现代种业提升工程，加强种子库和良种繁育基地建设，加大青稞、畜禽、优质牧草等育种力度，提升农牧业良种化水平，全面加强农牧林业种质资源保护和利用。健全动物防疫和农作物病虫害防治体系。加大农业水利设施建设力度，实施高标准农田建设工程，高标准建设一批青稞、牦牛、藏猪、藏羊等特色农畜产品生产基地，加大饲草料保障力度，稳定青稞播种面积，提高农畜产品供给保障能力。加强粮食生产功能区和特色农产品优势区建设，做大做强藏药产业，做精做优林下资源开发，大力发展高原有机茶，加快推进现代农业产业园建设，重点扶持一批农牧业产业化龙头企业，鼓励发展“三品一标”认证。大力发展现代农畜产品加工业，完善仓储保鲜冷链物流设施，提高产地初加工能力。推进城乡物流配送网络一体化，推动商贸流通体系向偏远乡村延伸，促进农牧区电子商务和实体商贸流通相结合，加强应急保供体系和机制建设。科学布局供销合作社网点，增强服务功能、提升保障能力。提高农牧民科技文化素质，推动乡村人才振兴，鼓励支持返乡青年领办创办新型农牧业经营主体，加大农牧业科技领军人才引进培养力度。

（二）深化农牧区综合改革

落实藏粮于地、藏粮于技战略，严守耕地和草场红线，坚决遏制耕地“非农化”，防止耕地“非粮化”。以完善产权制度和要素市场化配置为重点，促进城乡要素自由流动、平等交换和公共资源合理配置。坚持“三个长期不变”基本政策，保持土地承包关系长期稳定。落实完善农村土地“三权分置”要求，引导农牧区耕地、草原经营权有序流转。推进农村宅基地制度改革试点。全面推开土地征收制度改革，完善征地补偿制度。大力培育新型农牧业经营主体，发展多种形式适度规模经营，探索符合当地实际的农场模式，实现小农户和现代农业有机衔接，做强农牧业产业化龙头企业和合作社，健全农牧业社会化服务体系。健全农牧区金融服务体系，发展农牧业保险。

（三）优化水资源配置，推进农田水利基础设施建设

根据水资源分布、地形地貌及经济社会发展需要，优化水利设施空间布局，加快推进重点河流流域综合规划编制和审批。中部河谷区加强骨干水利工程建设，高山峡谷区强化水源涵养和水土保持，边境地区加强民生水利保障能力。加快推进大中小型水源工程及配套灌区建设，大力推进节水减排，科学制定用水定额并动态调整，推进高原生物产业领域节水。加快拉洛、湘河、梅帕塘、多油、帕古、弄利措等工程建设，推进米林水库、桑德水利枢纽等重大水利工程前期工作。推进雅鲁藏布江中游、金沙江、拉萨河、尼洋河、狮泉河和那曲江河源头区等重大水生态保护与修复，积极推进水系连通及农村水系综合整治。这些工程的实施，将为大力发展高原生物产业提供重要支撑。

（四）推动科技创新驱动发展

深入实施科教兴藏战略、创新驱动发展战略，面向重点科技前沿、重大战略需求，加强高原生物产业的关键核心技术攻关。一是推进藏医藏药、生态、青稞、牦牛等领域省部、省院共建国家重点实验室，建立青藏高原科学数据中心西藏分中心，积极创建高原特色突出、创新能力较强的国家重点实验室、国家检验和评测中心、产业技术创新联合体。支持国家级创新平台在西藏设立分支机构，推进区级重点实验室、技术创新中心等创新平台发展。支持农业科技园区、科技成果转移转化示范基地、可持续发展试验区建设。二是加快推进高原特色农畜产品加工、藏医药等行业技术规范和标准制（修）订，力争在高原特色农牧业、藏医药、生态环境等领域科技创新能力达到国内、国际先进水平。

（五）完善科技创新制度体系

建立科技创新会商协作机制，加强创新主体要素之间协调联动，完善正向激励机制，激发人才创新活力，建立健全人才评价机制、流动机制和激励机制，释放科技创新活力。推动科技管理部门职能从研发管理向创新

服务转变，构建科技创新决策咨询机制，建设西藏科技智库，推进重大科技创新决策制度化。建立企业参与重大科技专项、企业创新激励等配套政策，提升企业技术创新主体地位。完善科技计划管理和资金管理制度，创新科技项目凝练、组织和支持方式，实行“揭榜挂帅”等制度。推进科研诚信建设，完善科研监督体系。加强知识产权保护，提升知识产权创新保护应用水平，健全知识产权综合管理体制、知识产权保护自律机制，完善知识产权审查、惩罚性赔偿、评估等制度，推进创新成果所有权、处置权和收益权改革。本着爱国、奉献的“家国情怀”，端正创新、求实的“科学态度”，大力弘扬科学家精神，培育大众创新万众创业的科学氛围，提升全民高质量发展高原生物产业的科学素养。

第三章　西藏高原生物产业发展现状和存在的主要问题

自民主改革以来，特别是党的十八大召开以来，西藏自治区党委、政府坚决贯彻落实系列中央农村工作会议和中央一号文件精神，狠抓工作落实，将做好“三农”工作作为践行“两个维护”、“治边稳藏”和“四个创建”的具体行动，放在心上、抓在手上、扛在肩上，全力推进高原生物产业由“靠天吃饭”向质量兴农、绿色兴农、科技兴农全面转变，农牧业经济从“以粮为纲”向粮食、畜牧、藏药材、林果、食用菌、高原有机茶叶等多点并重转变，但在取得显著成就的同时，也出现了诸多困难与挑战。

第一节　发展变迁

一、西藏高原生物产业发展历程及特点

回顾西藏高原生物产业的发展历程，大体上可以划分为西藏和平解放初期、农牧民个体所有制时期、社会主义改造与建设时期、改革开放新时期和农牧特色产业经济的大发展时期五个阶段。

（一）西藏和平解放初期（1951−1958 年）

从 1951 年到 1959 年民主改革前，由于农奴制的生产关系没有彻底改变，西藏经济的基础产业农牧业发展缓慢。种植业还极其落后，除了农田灌溉较为普遍外，一般都很少施肥。农具原始，管理粗放，作物品种单调，生产水平相当低。国家对西藏经济实行了一系列帮助扶持政策，如无偿发

放农具，免费为牲畜防治疾病，发放无息贷款以及救济款、救灾款，国家组织收购西藏畜产品，昌都地区还颁布了废除乌拉差役等，在一定程度上促进了农牧业生产的恢复，使生产下降的趋势得到缓解。

（二）农牧民个体所有制时期（1959–1965 年）

1959 年，西藏进入了民主改革时期，推翻了封建农奴制度，完成了土地改革任务。在农牧区，变农奴主所有制为农牧民所有制，发展了农牧业生产互助组。农牧民第一次成为自己及土地的主人，拥有了自己的财产，享受到了自己的劳动成果，因此劳动积极性倍增，劳动热情大大提高。考虑到西藏当时刚刚经历民主改革，中央为西藏专门制定了“稳定发展”方针，并颁布实施了“26 条”“30 条”和“边境 10 条”等政策，这些政策对于稳定农牧民个体所有制和安定民心、促进农牧民休养生息起到了较好的作用。各级人民政府为贯彻“26 条”和“30 条”做了大量工作，如发放扶贫贷款，提供各种生产工具，优价收购畜产品等。仅 1959–1963 年，国家对西藏的特色农牧业投资就高达 5240 万元，用于扶持农牧民发展生产。

（三）社会主义改造与建设时期（1966–1978 年）

1965 年 9 月 1 日西藏自治区成立，标志着西藏进入了社会主义改造的新时期。西藏社会主义改造分两个阶段完成。第一阶段为试办人民公社阶段；第二阶段为建设阶段。到 1975 年底，在西藏 1929 个乡（不含阿里地区），共建立了 1921 个人民公社。至此，西藏基本上完成了对特色农牧业的社会主义改造，把农牧民个体所有制转变成了农牧民集体经济，使广大农牧民走上了合作化的道路。西藏社会主义改造基本上是在全国计划经济体制建立的大背景下完成的，因而也深受全国整体模式的影响。其农牧业合作化的总体进程基本上遵循了自愿互利、典型示范和国家帮助的原则，实现了由临时合作、季节互助组和常年互助组发展到半社会主义性质的初级农牧业生产合作社，再发展到社会主义性质的农牧业合作社的逐步过渡。

（四）农牧业特色经济的转折时期（1979–2000 年）

随着党的工作重心向经济建设转移，中央始终强调农业的基础地位，并提出了加快发展农业的要求，同时还召开了三次西藏工作座谈会。针对西藏经济发展的实际，中央对西藏农村实行了休养生息的“宽、优、特”政策。在农牧区实行“两个长期不变”政策，符合西藏农牧区经济发展的实际水平，极大地调动了农牧民群众的生产积极性。同时，西藏各级党政组织和农村经济主管部门在新形势下，从农村经济发展的实际出发，在资金、技术、人员和物资等方面积极支援农牧业，使西藏特色农牧业生产始终保持了较好的发展势头。在抓好粮食生产的同时，集体经济也得到了相应的发展，乡镇企业开始起步，农村经济结构开始发生变化。由于采取了一系列行之有效的措施，农业生产稳定高产，结束了长期徘徊的局面，呈现出稳步向前发展的态势。1998 年，西藏粮食总产量达 85 万吨，比 1959 年增加了 3.4 倍。1999 年粮食总产量已达 92 万吨。

（五）农牧特色产业经济的大发展时期（2001–2007 年）

进入 21 世纪，为加快农牧业发展进程，进一步繁荣农牧区经济，不断增进农牧民福祉，夯实农牧区全面建成小康社会基础，依据《中共中央关于进一步推进西藏经济社会发展和长治久安的意见》《国务院办公厅关于加快转变农业发展方式的意见》《国务院办公厅关于推进农村一二三产业融合发展的指导意见》《农业部等七部委关于印发支持西藏农牧业转方式调结构促增收重要举措实施方案的通知》，西藏自治区党委、政府在认真分析农牧业发展机遇与面临挑战的基础上，坚持“创新、协调、绿色、开放、共享”的发展理念，以推进农牧业供给侧结构性改革为主线，扎实推进“8 个百千万工程”，确保“青稞口粮安全、畜牧业生产安全、农畜产品质量安全”。

二、西藏高原生物产业发展成就

西藏自治区党委、政府紧密结合高原生物产业发展实际，突出生态环境保护和农牧业基础设施建设，加快推进农牧业特色优势产业开发，让资源特色鲜明、区域优势明显的地区优先发展起来，让一部分有条件、有想法、会干事、能干事的农牧民先富起来。通过大力发展农牧业特色产业，带动农畜产品加工业和小城镇建设，促进农牧民转移就业，率先实现小康，为实现西藏高原生物产业高质量发展夯实了基础、提供了支撑。

（一）农业综合开发主要成就

西藏农业综合开发紧紧围绕中央关于“三农”工作的决策部署，积极发挥西藏自身优势，抓产能、促产业、扶主体、重生态、强管理，为保障西藏粮食有效供给、促进农牧业增效、推进农牧业现代化和可持续发展做出了重要贡献。

1.强基固本，生产基础明显增强。坚持把投入主要用于高标准农田建设，大力度整合各种资源要素，按照“田成方、林成网、渠相通、路相连、旱能灌、涝能排”的要求，扎扎实实地推进山水田林路综合治理，不断改善农业基础设施条件，逐步提高资源利用率、土地产出率和劳动生产率，有效巩固和提高了农业综合生产能力，实现“藏粮于地”，夯实了粮食等主要农产品稳定增产的根基。

2. 富民兴藏，农牧民收入明显增加。围绕打造优势主导产业，坚持把高标准农田建设项目与农业优势特色产业开发、基地建设与产业化经营、产业化经营与扶持龙头企业、扶持龙头企业与农牧民增收结合起来，不断加大投入，加快传统农牧业向现代农牧业的转变。

3. 科技进步，产业结构明显优化。按照“建平台、攻专项、促转化、广普及”的工作要求，把农牧科技推广作为改造传统农牧业的重要手段，以科技为支撑，大力推广种植业和养殖业先进、成熟、适用的农牧技术，农牧业结构不断优化。西藏农作物良种覆盖率达到90%，农业机械化作业率达到65%，科技贡献率达到40%以上，科技推广机制进一步创新，农业科技队伍不断发展壮大。培养了一大批致富带头人和农牧业技术能手，为当地经济社会发展起到了推动作用。

4. 美丽西藏，生态环境明显改善。西藏高寒缺氧，气候多样，生态脆弱，植被破坏后很难恢复，建设生态西藏任重道远。通过不断加大生态建设项目的投入力度，增加林业草场建设规模，加大舍饲养殖和畜牧业结构调整，加强防灾抗灾基地建设，有效保护和改善了西藏生态环境。

5. 机制创新，开发活力明显提升。尊重农牧民意愿，完善以农牧民为主体的项目运行机制。通过贴息、补助等多种方式，吸引信贷、民间、工商、外资等社会资本用于农业综合开发，形成了全方位、多渠道、多途径的立体式农业综合开发格局，逐步完善了财政资金的引导机制，发挥了财政资金“四两拨千斤”作用。探索农业综合开发资金与扶贫资金、生态建设资金、农村中小型基础设施建设资金等支农资金相互配合、统筹安排、打捆使用的投资机制，逐步完善了资金配合机制，提高了资金使用效率，明显增强了农业综合开发活力。

6. 边疆稳固，社会局面团结和谐。自治区党委、政府制定了“措施准、目标实、能落地、有效益”的农业综合开发思路，从根本上破解了思想观念保守、农业资源短缺、开发资金不足、人才匮乏、科技服务体系不健全等一系列制约西藏农业综合开发的瓶颈，得到了广大农牧民一致好评，开创了边疆稳定、社会和谐的大好局面。

（二）畜牧业发展主要成就

紧紧围绕畜牧业综合生产能力提升、畜牧业发展方式转变、畜禽良种繁育体系建设、产业化发展能力、饲草建设、草原生态保护和加强畜产品质量安全等七个方面集中发力，为保障西藏畜禽产品有效供给、促进畜牧业增效、推进畜牧业现代化和可持续发展做出了重要贡献。

1. 畜牧业综合生产能力持续增强。2021 年，西藏牲畜存栏总数 1692.52 万头（只、匹），比上年末增加 34.99 万头（只、匹）。其中，牛 657.06 万头，增加 33.04 万头；羊 942.32 万只。全年猪牛羊肉产量达 26.95 万吨。生牛奶产量 48.85 万吨，增长 8.8%。畜牧业已成为促进农牧民增收、推动农牧区经济高质量发展的重要支柱产业。

2. 畜牧业发展方式加速转变。西藏围绕“调结构、转方式”的总体思路，加快了畜牧业生产方式转变，畜牧业专业化、规模化、集约化生产经营程度显著提高。西藏创建国家级畜禽养殖标准化示范场 25 个，自治区级 17 个，各类规模养殖场（合作社）达 2357 个，适度规模养殖户发展到 12645 万户，畜禽规模养殖比重达 35%以上，比 2015 年提高了 6 个百分点。各地在建设标准化养殖场（小区）的实践中，积极探索创新，形成了示范园区型、龙头带动型、合作组织型、协会牵头型、股份合作型、家庭牧场等各具特色、灵活多样的发展模式，为现代畜牧业的发展注入了新的活力。

3. 畜禽良种繁育体系进一步健全。“十三五”以来，西藏实施畜牧良种补贴政策和良种工程建设项目，加强牛羊改良站点和公猪站建设，加大畜禽品种改良推广力度，进一步健全了畜禽良种繁育体系，提高了畜禽良种的生产能力和质量水平。

4. 草产业建设及饲草料资源利用迈上新台阶。立足于资源优势，区农业农村厅出台关于加快推进草料产业发展的指导意见，加大了政策扶持力度，加快了人工种草和草产品加工步伐，形成了自产自用型、生态功能型、商品生产型三类饲草种植加工形态。已选育出适宜不同区域种植的稳产高产品种数十种；苜蓿覆膜穴播、禾豆混播、喷灌及机械化种植收获加工等现代种草技术逐步推广应用，大中型牧草专业机械逐步推广使用，基本实现播种、收割、打捆、裹包等全程机械作业。同时，农作物秸秆利用率达到 80% 以上，加工利用农作物秸秆 21 万吨以上。走出了从牧区资源约束型向充分利用农耕区饲草料资源发展的新路子，对调整优化农业结构和加快草食畜牧业发展产生了深远影响。

5. 产业化发展能力明显提升。以现代畜牧业建设为方向，以畜牧业全产业链建设为抓手，加快西藏龙头企业升级改造和新型经营主体建设，推进了畜牧业产业化发展。西藏以畜产品生产、加工、营销企业为龙头，打造了“帕里牦牛”“斯布牦牛”“岗巴羊”等一批地方知名品牌，探索出了公司 + 基地 + 农户、公司带农户、合作社 + 农户、订单生产、合同收购等不同形式的产业化发展路子，畜牧业已成为农业产业化程度较高的行业。

6. 草原生态保护建设成效显著。在国家新一轮退耕还林还草和草原生态奖补政策等项目的推动下，西藏全面推进草原承包经营、明确草原使用权和经营权，大力推行草场改良和草原补播，开展牦牛、藏羊本品种选育，加大牛羊棚圈及饲草料基地建设和实施舍饲养殖、异地育肥、加快出栏等综合生产技术措施，有效促进了牧区畜牧业发展方式转变和牧民收入的增加。西藏完成草原承包面积 11.29 亿亩，落实禁牧草原面积 1.2938 亿亩，草畜平衡面积 9.9962 亿亩。

7. 畜产品质量安全水平明显提高。紧紧围绕“努力确保不发生重大农产品质量安全事件”的目标，配套和完善了区、市、县三级农产品质量安全监管机构和队伍，配备了检验检测仪器设备；各级畜牧兽医部门对畜禽规模养殖场（小区）建立备案管理制度，加强了畜产品执法监管、检验检测、标准化生产、品牌认证等工作，开展了专项整治，畜产品质量安全保障能力不断增强，西藏畜禽产品检测平均合格率保持在 100%，对西藏畜牧业健康发展和农牧民增收起到了重要的保障作用。

（三）农牧业、农牧区发展成就

始终把“三农”工作放在重中之重的位置，坚持强弱项、补短板、打基础，不断推动“三农”工作理论、实践和制度创新，集中力量打赢了脱贫攻坚战，补上了全面小康“三农”领域突出短板。西藏农牧业综合生产能力稳步提升，农村牧区社会事业提档升级，农牧民收入持续较快增长，农业农村发展呈现出“稳中向好、稳中向优”的良好态势，进入西藏改革开放以来的“黄金时期”。

1. 脱贫攻坚取得决定性胜利。西藏 74 个贫困县（区）全部摘帽，62.8 万建档立卡贫困人口全部脱贫，“两不愁”质量水平明显提升，“三保障”突出问题彻底解决，形成了“纵向到底、横向到边”的扶贫工作格局和机制。“能干会干、不离乡不离土”的扶贫产业加快发展，实施产业扶贫项目 3055 个，带动 23.8 万贫困人口脱贫，受益群众超过 84 万人，成为西藏覆盖面最广、带动人数最多、取得成效最大的扶贫举措。建成 965 个易地扶贫搬迁安置区（点），26.6 万人搬迁入住；将 11 万建档立卡贫困对象纳入最低生活保障兜底，实现应保尽保，将所有贫困人口纳入医疗保障范围，“因病致贫、因病返贫”人口实现动态清零；完成建档立卡贫困户等 4 类重点对象危房改造 4.36 万户，实现西藏建档立卡贫困户住房安全有保障目标。

2. 居民人均收入实现持续快速增长。2021 年，西藏居民人均可支配收入 24950 元，比上年增长 14.7%。其中，城镇居民人均可支配收入 46503 元，增长 13%；农村居民人均可支配收入 16935 元，增长 16%。居民人均消费支出 15342 元，比上年增长 16%。其中，城镇居民人均消费支出 28159 元，增长 13%；农村居民人均消费支出 10577 元，增长 18.6%。年末城镇居民人均住房建筑面积 45.62 平方米，农牧民人均住房建筑面积 40.63 平方米。城乡居民收入相对差距持续缩小，由 2015 年的 3.09:1 缩小到 2021 年的 2.75:1。

3. 农业综合生产能力迈上新台阶。农业供给保障能力进一步提升，主要农畜产品供给实现由长期短缺到总量基本自给的转变，连续 5 年粮食总产量稳定在 100 万吨以上，其中 2021 年青稞产量达到 80.12 万吨，基本实现自给有余；蔬菜总产量达到 89.47 万吨，主要城镇夏、秋两季蔬菜自给率达到85%和65%左右；猪牛羊肉产量达26.95万吨，生牛奶产量48.85万吨，人均占有量多年位居全国前列，有效满足了人民群众多样化消费需求。

4. 农业产业化加快发展。农业经营方式实现从家庭经营为主向“家庭经营+集体经营+合作经营”的多种经营方式转变，西藏家庭农（牧）场、农民合作社分别达到9240家、13475家，农业产业化龙头企业144家，其中国家级龙头企业5家。农业功能实现从提供单一的农产品和原材料向提供经济、生态、文化等多种功能转变。产业融合步伐不断加快，成功创建国家级青稞优势产业集群1个、现代农业产业园4个、产业强镇6个、“一村一品”示范村镇35个，打造全国休闲农业与乡村旅游示范县7个，创建全国农村一二三产业融合发展先导区两个。

5. 农业科技创新水平稳步提升。初步构建农业科技支撑体系，农业科研和技术推广机构已达180个，农业农村系统推广类专业技术人员8843人，育成农作物、畜禽和饲草新品种20余种，青稞良种覆盖率达90%以上，牲畜良种率达30%，农业科技进步贡献率达到55.9%。农业生产方式实现从人力与畜力为主的传统农业向以机械化为主的现代农业转变，农作物全程机械化和农机社会化服务步伐加快，农机总动力达691.5万千瓦，农作物耕种收综合机械化率达到65%，劳动生产率和农业生产力水平有了质的飞跃。

6. 绿色发展基础夯实。全面落实重度污染耕地严格管控措施，提高化肥农药利用效率，全面推进秸秆资源化综合利用，加强农膜回收管理，秸秆综合利用率保持在95%以上，农膜回收率达到85%。加强畜禽养殖污染防治，提高畜禽粪污资源化利用率。累计认证有机农产品18个、绿色农产品39个。

7. 农业基础条件显著改善。高标准农田面积达到225万亩，建成了54座县级、376座乡（镇）级农业防抗灾物资储备库；新建5个省际间公路动物疫情检查站、44个边境县动物疫情巡检站，完善了6个地（市）和73个县级重大动物疫情应急物资储备及冷链设施，基本建立了乡（镇）、牧区和边境动物防疫体系。

8. 乡村面貌焕然一新。农村生态环境持续向好，实现“四清两改”村庄清洁行动全覆盖，国道沿线、城镇周边等有较好基础、基本具备条件的90%以上村庄生活垃圾得到治理，非正规垃圾堆放点全部完成整治；新改造农村户用卫生厕所达10万余户，农牧区卫生厕所普及率超过48%；30%以上村庄生活污水乱排乱放得到管控，145个村庄开展美丽宜居示范村创建，村容村貌明显改善。农牧民精神文化生活日益丰富，广大农牧民群众接受科学文化教育、追求健康文明生活、“我要发展”意识不断增强，现代文明理念和生活方式逐渐养成，文明素质不断提升。

9. 乡村治理成效显著。农村基层组织建设力度进一步加大，选优配强村（居）“两委”班子，持续巩固村（居）“两委”班子成员100%是党员的成果，整顿软弱涣散农村基层党组织2890个。不断加大依法管理宗教事务力度，深入推进平安乡村建设，群众安全感、满意度保持在99%以上。

10. 农村改革不断深化。积极推动土地制度改革，农村承包地确权颁证率达到99.62%；有序推进农村集体产权制度改革，完成74个县（区）农村集体资产清产核资和10个中央农村集体产权制度改革试点县（区）工作，完成“1+6”农村改革试验区改革试验任务和终（中）期评估工作。积极推进农村宅基地制度改革。

三、西藏高原生物产业开发经验

（一）政策资金支持是开发前提

考虑到西藏经济社会发展底子薄、生态环境保护任务重的实际，中央制定了一系列针对西藏的特殊优惠政策和扶持措施，作出了全国支援西藏的重大决策，加快了援藏工作重心逐渐向“三农”转移和倾斜，为西藏农牧业开发给予政策支持。特别是中央第六次西藏工作座谈会召开后，国家在资金和项目支持方面出台了一系列优惠措施，为西藏农牧业发展提供了坚实资金保障。

（二）机制体制创新是开发关键

自治区党委、政府充分认识到农业综合开发工作在统筹城乡经济社会发展、建设现代农业、发展农村经济、增加农牧民收入、推进农牧区小康社会建设中的重要地位和作用，坚持“因地制宜、区别对待”“两头帮、中间接”开发原则，从山水田林路、农林牧副渔的“小综合”，向产加销一体化、农工商协调发展的“大综合”转变，充分发挥资源优势和比较优势，围绕把产业做大做强，整合各类资金，逐步形成了农牧业开发的强大合力。

（三）扶持主导产业是基本途径

根据西藏资源特点、农产品比较优势，确立了产业成长性好、竞争优势明显的主导产业；按照“围绕优势产业扶龙头、围绕龙头建基地”的思路，采取贴息、补贴、投资参股等方式，重点扶持了一批“扶得起、扶得快”的龙头企业，将农户、基地和市场有机联结，将产、供、销各个环节无缝对接，形成了完整的产业链，实现了农牧产品附加值快速增长，提高了农牧业产业化的效能。

（四）强化科技服务是重要支撑

通过委派科技特派员和培养科普带头人，积极开展科普知识宣传和普及。采取集中培训和分散培训等方式，开展合作社组织法、牲畜常见病防治技术、种植新技术等为主要内容的藏汉双语培训，充分发挥了科技示范作用，为提高农业综合开发成效提供了强有力的科技支撑。

第二节　存在问题

虽然西藏为促进农牧业经济转型升级因地制宜、多管齐下、多措并举，高原生物产业发展取得了前所未有的发展成就，但面对新形势新任务新要求，西藏高原生物产业高质量发展还存在不少困难和问题。

一、西藏高原生物产业发展的局限性

（一）资源的局限性

虽然西藏资源丰富，但由于资源互补性差、开发难度大等原因，能开发的资源很少。西藏水资源丰富，著名的河流有雅鲁藏布江、澜沧江、怒江、金沙江，但是水资源分布不均衡，导致了有些农田不能按时灌溉。虽然西藏人均耕地面积较大，但是自然、气候等原因出现了土地退化的问题。大量的土地资源开发不合理，土地资源潜力没有得到深入开发，而有待开发的潜力土地资源逐年减少。西藏地形地质条件复杂多样，山高谷深、荒漠、寒漠、高山、冻土地带、永久积雪地带面积大，地势高寒，许多区域属于生命禁区和不适宜人类生活的地区。西藏的农牧区大部分分布在复杂、特殊的地质、地貌中，在高原上气候条件相对恶劣而且生态环境是极为脆弱的，很容易发生雪灾、旱灾、地震、风灾、泥石流、水灾等自然灾害。恶劣的高原气候使得相当一部分地区抵御自然灾害的能力很弱，因为传统的经济制度影响，在农牧区大都以种植业和畜牧业生产为主，因此自然因素始终在影响、制约着人们的生产活动，而人们的生产生活对土地、草地的依赖性又很强。青藏高原的独特自然地理环境以及生态环境脆弱的特征，在客观上决定了在西藏资源的开发会深受生态环境影响，自然生态环境的恶劣及自然灾害的频繁发生，给农牧业生产造成了一定危害，可持续发展的形势较为严峻。

（二）基础设施的局限性

西藏地域辽阔、村庄布局较散、人口居住极为分散，致使基础设施覆盖半径较大、成本过高。尤其是那曲市、阿里地区、昌都市等地市，农牧区基础设施建设相对滞后，不能适应高原生物产业专业化生产、规模化建设、市场化运营、社会化发展的实际需求。由于西藏自然环境的原因导致农业生产基础的不稳定，很多农田处于干旱和半干旱农业区，不能及时得到灌溉，只能靠下雨来滋润，且西藏大部分农业区域的管理水平低下，缺乏现代化、科学化的管理。面对这些问题，我们要做好区域农田的建设，加大资金扶持力度，兴建水利设施，合理利用土地，科学管理土地，加强抗灾、抗旱能力，以此来提高西藏的农业生产力。尤其是那曲市、阿里地区、昌都市等地市，农牧业特色产品产前、产中、产后各个环节的社会化服务体系不健全，在农畜产品标准化生产、养殖、加工、流通交易等现代农牧业发展中存在规模较小、基础薄弱等现实问题。

（三）生态环境的局限性

由于西藏海拔较高，全境日照时间较长，昼夜温差较大，农作物种植面积较小，大部分耕地仅适宜青稞小麦等干性农作物的生长。西藏山地较多、土质较差、多灾易灾等因素，致使农作物种植立地条件相对较差、农产品品质市场竞争力相对较弱，脆弱的生态环境严重制约着农牧业高质量发展。

（四）市场环境的局限性

由于交通不便、信息不畅、农牧业生产较为粗放、农畜产品精深加工技术相对滞后，致使西藏高原生物产品生产成本较高、市场竞争力较弱、生产效益相对较低。同时，西藏高原生物产品营销手段相对单一，目前借助援藏省市和央企的局部推广虽然起到了“窗口示范”作用，但对形成可持续发展的市场营销体系作用甚微。

二、农牧业发展滞后

西藏农牧业基础薄弱，农牧业生产方式粗放，机械化、规模化、集约化程度低，产业效益和结构性问题并存，科技支撑能力弱，没有形成完整的产业链，缺乏精深加工，没有形成品牌影响力，质量效益和竞争力较弱，农牧民增收压力较大。农村基础设施和公共服务水平较低，城乡要素自由流动、融合发展和政策体系不完善，城乡差距、地区差距等发展不平衡现象依然存在。农牧区生态环境脆弱，保护和修复生态任务重。农牧区人居环境整治任重道远，防灾减灾仍然面临较大挑战。

三、人才培养困难

人才是制约西藏经济社会发展的瓶颈之一，也是迟滞现代农牧业发展的动因，更是减缓农牧业产业化经营体系建设的内在因素。要大力推动西藏高原生物产业综合开发工作，主要任务是培养一批“信得过、坐得下、留得住、用得上”的西藏型人才。他们不但要具备“特别能吃苦、特别能战斗、特别能忍耐、特别能团结、特别能奉献”的老西藏精神，更要发扬“艰苦不怕吃苦、缺氧不缺精神、海拔高境界更高”的新时代老西藏精神，还要具备“懂项目、会管理、能实践”的项目管理与实施能力，只有具备了这些，才能稳步推进西藏高原生物产业高质量发展。

第二篇　行业篇

第四章　西藏种植业发展对策研究

按照西藏“一核一圈两带三区”[①]发展新格局，根据农牧业“七区七带”产业发展布局，青稞、藏药材、高原有机茶叶是西藏高原生物产业发展的重点。本研究在详细梳理这三种产业发展现状的基础上，分析其当前主要存在的问题和制约产业发展的瓶颈，针对性地提出对策建议。

第一节　青稞产业

青稞又称裸大麦，在我国已有3500年的种植历史，是一种具有比一般的皮大麦更早熟、耐寒、耐旱、耐碱和耐瘠薄等特性的农作物，且营养价值丰富，是生长在西北、西南高原地区的一种优势作物（张文会，2013）。特别是在西藏，青稞不仅是保证藏族人民繁衍生息的主粮，更是藏文化的象征。西藏农业发展应立足其资源特色和社会经济发展现状，走特色取胜之路，将培育战略支撑产业和壮大特色优势品牌作为有效推进西藏农牧业经济发展的重大战略举措来实施（沈宏益等，2013）。西藏自治区党委、政府高度重视青稞产业发展，《西藏自治区“十四五”时期产业发展总体规划》强调大力实施青稞增产工程，着力提高青稞单产、增加附加值、延伸产业链、加强产品营销和加工能力。2016年西藏成立了“省部共建青稞和牦牛种质资源与遗传改良国家重点实验室”，开展具有区域

① 一核：拉萨核心增长极；一圈：以拉萨为中心，辐射日喀则、山南、林芝、那曲的三小时经济圈；两带：边境沿线发展带、铁路经济带；三区：藏中南重点开发区、藏东清洁能源开发区、藏西北生态涵养区。

特色的基础研究、应用基础研究和竞争前关键技术研究，提升区域科技创新能力。加快推进西藏青稞产业发展是构建高原农业产业体系、推进高原农业现代化建设、顺应国家农业经济发展战略的客观要求（张华国，2018）。青稞作为西藏第一大粮食作物和重要的农牧业支柱产业，既是保障青藏高原粮食安全的“政治粮”，又是维护边疆长治久安的“稳定粮”，更是带动西藏农牧民脱贫奔小康的“致富粮”（张成刚，2021）。

一、青稞产业发展现状

青稞作为西藏最重要的粮食作物，种植历史悠久，是藏族人民的日常生活必需品。由于不同青稞种植区在生态环境、种植条件等方面存在显著差异，形成栽种的品种资源极为丰富，不同棱数、不同颜色的品种多达上千种。按颜色来分，可分为白青稞、花青稞、黑青稞、紫青稞等，其中以白青稞最为常见与普遍。近年来，西藏青稞播种面积除个别年份略有下降外，总体呈现稳步上升趋势，从 2006 年的 116.28 千公顷上升到 2021 年的 140.71 千公顷。据《2021 年西藏自治区国民经济和社会发展统计公报》数据显示，2021 年西藏青稞种植面积为 140.71 千公顷，占西藏农作物总种植面积的 51.31% 以上；青稞产量 80.12 万吨，占西藏粮食总产量的 75.48%。青稞是西藏最重要的粮食作物，也是名副其实的第一大农作物，具有举足轻重的地位。

青稞种植遍布西藏七个地市，根据《西藏统计年鉴（2021 年）》数据显示，素有“西藏粮仓”之称的日喀则市种植面积最大，青稞种植面积高达 58.83 千公顷，占当年青稞总播种面积的 42.00%。其次是昌都市，青稞种植面积为 36.59 千公顷，占当年青稞总播种面积的 26.12%；拉萨市与山南市的青稞种植面积分别为 18.78 千公顷、17.60 千公顷，占当年青稞总播种面积的 13.41%、12.57%；林芝市、那曲市与阿里地区的青稞播种面积相对较少，分别为5.07千公顷、1.74千公顷、1.47千公顷，分别占当年青稞总播种面积的3.62%、1.24%、1.05%。总体来看，西藏青稞种植主要集中在日喀则、昌都、拉萨、山南等地。另外，随着西藏大力推广“藏青2000”“喜马拉22”等青稞优良品种，西藏青稞良种覆盖率已达到90%以上，青稞单产呈现逐年提高的趋势，从2000年的4539公斤/公顷提升到2010年的5114公斤/公顷，再到2019年的5700公斤/公顷，具有良好的发展势头。

随着西藏青稞种植业的不断发展，青稞加工业也得到了快速发展。截至2019年底，西藏青稞加工企业已有30余家，年青稞加工量达到9.5万吨，加工转化率为12.2%（陈凡等，2019），且加工企业越来越重视产品营销、品牌建设与推广。青稞加工企业的蓬勃发展对于带动青稞种植户积极参与到市场中来，提高青稞商品化率，带动青稞产业整体发展发挥着至关重要的作用。（见表4–1）

表4–1　西藏青稞产品一览表

青稞加工品	青稞加工基本情况介绍
加工粮食制品	青稞是藏族人民的主要粮食。西藏以青稞为原料的粮食加工产品有糌粑、青稞面条、青稞糕点、青稞方便面等。
加工酿酒	青稞酒是青藏高原的特色饮品，青稞酒种类多样，既有非蒸馏型的青稞咂酒，也有蒸馏型的青稞烤酒、青稞白酒、青稞啤酒、青稞清酒以及调配青稞酒等。
功能食品	青稞营养物质含量丰富，具有广阔的开发价值。
饲料加工	青稞是很好的牲畜饲料，青稞籽粒是良好的精饲料，在谷物饲料中的地位仅次于玉米，可以提高牛羊肉的质量。青稞秸秆中含有丰富的蛋白质，是青贮饲料的重要原料。

二、青稞产业发展存在的问题

尽管近年来西藏青稞产业得到了长足发展，但在发展过程中也面临诸多问题，如小农户与大市场的衔接难度大、市场空间小、产品精深加工度不高、品牌认可度低等问题。

（一）青稞种植户市场参与度低

与我国其他已逐步完善的农村市场体系相比，西藏农牧区市场化程度严重滞后（衡霞、王茜，2018）。具体表现为青稞种植户整体市场参与度不高。究其原因，既有自然条件、经济基础决定的客观原因，也有长期形成的主观因素。前者主要表现为：西藏特殊的地理特征，使得青稞种植分散，过度分散的农业生产方式不仅具有明显的生产规模小、劳动生产率低、农产品市场竞争力不足等特性（王嫚嫚等，2017），同时也导致青稞收购方面临大量极度分散的且具有不同利益诉求的小农，交易成本巨大。主观因素主要包括：一部分种植户虽然家中储存大量的青稞，甚至有的家中存有多年前的存粮，但基本不出售，正所谓家中有粮、心中不慌，过去挨饿的阴影使得种植户养成了存粮的惯性思维与行为；也有部分农户不知道如何有效参与市场，市场参与能力不足。

（二）青稞加工企业生产规模小，精深加工度低

青稞具有高维生素、高膳食纤维、高蛋白质、高 β －葡聚糖、低脂肪和低糖等特点（林津等，2016），营养价值丰富。近年来，随着人们食品消费观念的转变，青稞这种集保健与营养于一身的天然绿色食品越来越受到广大消费者的青睐。尽管近年来西藏青稞加工企业有了长足发展，但青稞加工企业生产规模仍然十分有限，青稞加工转化率较低，仅为 12.2%。且西藏青稞加工企业加工的产品主要停留在加工工艺和技术相对简单的初级加工阶段，缺乏对青稞营养价值的深度提炼，精深加工度不高，产品附加值较低，青稞产品开发和创新能力不足。此外，青稞加工企业生产规模小，对青稞原料的需要有限，对青稞种植户的辐射带动范围小。根据相关微观研究显示，有销售意愿而无法转化为销售行为的种植户主要原因在于村庄周围没有青稞加工企业。可见，市场环境变量对青稞销售意愿的形成，

以及意愿向行为的转化有着至关重要的影响（白建华、刘天平，2021）。

（三）宣传力度不够，消费者认知度低

青稞尽管营养价值丰富，但大部分消费者对青稞产品的认知和了解程度较低。特别是外地人对青稞更是知之甚少，他们只知道西藏有青稞，却很少有人了解青稞的营养价值。西藏区内青稞加工企业较多，有小到做简单加工的小规模青稞加工合作社，大到生产技术和工艺较先进、规模较大的加工企业，但真正让消费者耳熟能详的品牌却少之又少，也就谈不上走出区内、走向全国了。其次对青稞的宣传力度也远远不够，在很多公共场所很少能看到对青稞产品的宣传海报，网络平台也鲜见推送相关信息。截至 2020 年底，西藏鲜有对青稞产品的宣传平台，也很少见到对青稞的功能性特征进行有效说明，宣传内容大多宽泛，且宣传力度有限，远不能达到青稞产品被广大消费者认知、了解，进而产生购买欲望的目的，无法满足市场开拓的需要（白建华等，2020）。

（四）交通等基础设施滞后，销售成本高

西藏由于特殊的地理位置，地广人稀，交通不便。尽管近年来，西藏交通设施有了很大改善，据《西藏统计年鉴（2021 年）》数据显示，截至 2020 年，西藏公路总里程达到 12.0726 万公里，铁路运营里程 796 公里，2020 年货运量总计 4039.74 万吨，货物周转量 150.86 亿吨公里，但与我国其他区域相比，西藏交通仍显落后，成为制约西藏农业产业发展的重要因素之一。1974 年，经济学家阿尔钦和威廉·艾伦合著的《大学经济学》中提出需求第三定律，即当附加成本过大时，只有精品才值得运送（薛兆丰，2018）。换言之，对于运输成本高的区域，低附加值的产品相对高的运费而使其在目标市场缺乏竞争力，失去远距离销售的获利可能性。因此，对于运输成本高昂的西藏来说，生产精品尤为重要。截至 2020 年底，西藏青稞市场恰恰缺乏这种适宜远距离运输的精品，大部分青稞产品附加值低，在更广阔的区外市场缺乏竞争力，只能在区内相对较小的市场空间进行销

售，且青稞产品大多采用传统的销售渠道进行销售，如通过超市或开直销店等，通过网络平台销售的较少，消费群体主要集中在西藏区内消费者、游客等，市场范围小，区外市场开拓力度不够。

三、青稞产业发展对策建议

以“一江两河”中部流域为主体，集中力量建设基础条件好、生产水平高和调出量大的粮食生产核心功能区。以日喀则市为核心，兼顾拉萨、山南、昌都市，着力优化产业结构和布局，适当扩大青稞种植面积，支持青稞加工转化，提高青稞产品附加值，加大营销力度，创建西藏青稞品牌，重点打造日喀则青稞产业集群，推进达孜区唐噶乡、普兰县普兰镇和洛隆县孜托镇青稞产业强镇建设。

（一）优化生产布局

牢固树立青稞生产安全底线意识，以粮食主产县（区）为重点，充分发挥其他粮食生产县的青稞生产能力，切实稳定青稞种植面积，加大基础设施建设，推广青稞优质良种，提升生产科技水平，巩固青稞产能，确保粮食特别是青稞安全。布局建设一批中国好粮生产基地，积极争取将青稞纳入全国名特优新农产品名录。

（二）完善青稞现代种业体系

加强青稞种质资源保护与利用，充分挖掘种质资源利用潜力。发挥云南元谋南繁育种加代基地作用，以青稞新品种选育为重点，加快育种进度。加大新品种（系）示范力度，加强良种统繁统供，确保青稞供种用种安全。力争青稞主推品种每五年实现一次更新换代。针对青稞种植户面临的主观与客观市场参与障碍，应分别提出具有针对性的建议。主观方面，积极引导农户转变观念，农村是以血缘、地缘关系形成的熟人社会，村民之间具有较强的示范效应和从众心理，通过树立市场参与典型，提高农户的市场认知度与认可度。另一方面，加强对农户的知识培训，拓宽其知识与见识，提升其市场参与能力，更好地参与农产品市场，分享农业产业发展成果。客观方面，通过完善农产品交易体系，改善农户市场参与环境。如在青稞主产区就地成立青稞加工企业，降低原料运输成本；建立规范的市场信息平台，减少信息不对称现象；加快农村基础设施建设，特别是对交通运输的投资与建设，提高市场的通达性，降低农户市场参与的执行成本等（白建华、刘天平，2021）。

（三）提升耕地质量水平

优先在粮食生产县（区）建成一批集中连片、旱涝保收、高产稳产、生态友好、适宜机械化作业的高标准农田。持续开展测土配方施肥工作，优化施肥参数，逐步实施县、乡、村整建制推进。落实好农业支持保护补贴、农牧业科技转化与推广服务等现有政策，引导农牧民加大农田有机肥推广应用，持续提升西藏耕地地力水平。

（四）推进青稞绿色高质高效行动

重点集成示范推广机械化种肥同播、缓控释肥施用、化肥与有机肥配合施用、适期追肥、叶面喷施等技术；推行精准供水（灌溉）和精准施肥作业；聚焦重点区域和重要时期，做好监测预警，落实关键技术措施，建立绿色防控技术体系；加大主要农作物生产全程机械化示范县创建工作力度，稳步提升青稞生产耕种收综合机械化水平。

（五）加大科技支撑力度

推行“首席专家”负责制，加大支持青稞基础研究、产品开发和技术创新的科技专项力度，力争在新品种、新工艺、新产品研发上取得重大突破。支持企业、科研院所建立青稞产业创新联盟。逐步推进科技创新与研发体系的形成，提出“建设一片、带动一片、发展一片”的产业发展方案，推动青稞集中创新平台建设（张华国，2018）。大力推进青稞生产全程机械化，示范推广深松整地、种植、植保、收获、烘干、秸秆处理等绿色高效机械装备和技术。建立健全以能力和业绩为导向的人才评价机制，加大基层青稞实用技术人才培训力度。构建首席科学家 + 支撑专家 + 农技人员 + 农民科技特派员联合协作、协同作战的科技服务模式。深入实施千名农牧科技人员深入一线服务行动，实现西藏 74 个县（区）685 个乡镇全覆盖；各县（区）对乡镇农牧综合服务中心实施“三权归县、县管乡用”的管理机制，配足配强专业服务力量，保障工作经费和工作用车；建立专业技术人员岗位等级管理机制，返聘一批有意愿、有能力、有技术、有条件的退休农牧科技人员，继续从事农牧科技服务工作。

（六）完善生产经营体制机制

自 1983 年以来，中央出台多个一号文件，鼓励、支持农民发展多种形式的合作组织，引导农民进入市场参与竞争（张震等，2015）。2020 年中央一号文件再次强调重点培育家庭农场、农民合作社等新型农业经营主体，培育农业产业化联合体。同时，由于某些生产要素的不可分性，扩大地块规模能够实现规模经济性，如可以降低农机作业成本、提高农户使用机械和进行土地投资的概率、降低亩均劳动投入量等（顾天竹等，2017），适度规模经营是我国农业现代化的必经之路，是农业改革发展的第二次飞跃（王嫚嫚等，2017）。通过专业合作、股份合作、土地流转、土地入股、土地托管等多种形式，培育专合组织和种粮大户，积极引导生产经营市场主体组建青稞专业合作联社，发展青稞适度规模经营；加大土地经营权流转平台建设力度，在依法自愿有偿的基础上，加快发展土地流转型、土地入股型、服务带动型等多种形式的青稞规模化种植。组织农机大户、农机合作社和其他新型经营主体大力开展土地托管、代耕代种、联耕联种等专业化服务，通过购买服务等方式，支持在农业生产中的耕、种、防、收等全部或部分作业环节委托给社会化服务组织，促进服务规模经营。支持农村集体经济组织以集体建设用地使用权入股、联营等形式，与有实力讲诚信的企业共同兴办青稞产品加工企业。

（七）提高青稞加工转化能力

农产品加工企业一端连着种植户，一端连着消费市场，处在产业链的核心环节。青稞加工企业发展的好坏对于整个青稞产业的发展至关重要。青稞深加工产业发展速度与质量远远落后于荞麦、燕麦等其他杂粮（姜元华等，2016）。西藏青稞加工企业应充分利用其没有大的工农业污染的区位优势，加大对西藏青稞产品绿色、生态宣传，深度挖掘青稞的营养价值与功能性特性，开发技术含量高、附加值高、精深加工度高的优质营养保健产品。针对不同地区消费者的口味差异，生产适合不同消费者口感偏好的产品。同时要注意避免青稞加工企业小而散、遍地开花、恶性竞争的局面，要适度发展具有一定规模的企业，充分发挥规模经济效益，重点扶持和宣传个别突出企业的产品，让先发展起来的企业带动其他企业的发展。在发展的过程中，政府部门要充分利用各种资源优势，如对口援藏资源，积极为企业在产品研发、生产及销售各环节搭建技术、人才、市场等平台，补齐加工企业发展短板，通过积极与区内、区外等地科研机构进行合作，提升青稞产品的精深加工能力（白建华等，2020），提升青稞产品附加值。逐步引导和培育青稞加工企业发展壮大，发挥市场带动作用。在日喀则、拉萨、昌都等青稞加工产业集聚区，着力建设具有技术集成、产业融合、创业就业、核心带动功能的青稞产业园，引导具有储藏、加工、运输、销售优势的企业入驻，完善产业链，健全产业体系。

（八）加快构建“地球第三极母品牌 + 子品牌”的品牌运营模式

严格按照“地球第三极”品牌认定使用和管理办法，以“地球第三极”作为区域公用母品牌，加大品牌带动青稞产业的发展力度，融合现有青稞品牌，打造地域特色突出、产品特性鲜明的“地球第三极”品牌子品牌。加强引导和扶持，坚定不移地打好两张牌，一张是特色牌，另一张是绿色牌，树立品牌标准化发展理念（王凤忠等，2019）。组织企业参加区内外各类农业博览会、贸易洽谈会、技术交流会，宣传青稞文化，扩大品牌知名度，提升品牌影响力；充分利用援藏优势，建立与内地省市农超对接的市场体系，拓宽青稞产品的销售渠道；大力发展电子商务，建立“互联网 +”等新型营销模式，发展品牌经济，加大青稞产品的销售力度，延长产业链，提升价值链。

（九）加大宣传力度，拓宽销售渠道

自 2015 年政府工作报告首次提出“互联网 +”概念以来，“互联网 + 农业”在探索中不断发展，有力推动了我国农业经济的转型与升级，取得了可喜的成绩（李贝贝，2019）。西藏青稞产业发展应充分利用互联网平台，在区内外市场大力宣传青稞产品，提升消费者对青稞产品的认知度。同时，在传统销售渠道的基础上，努力开发线上销售，积极建设网络销售平台，相关政府部门采取相应措施降低线上销售门槛，如通过基础设施建设、政府补贴，降低销售方和购买方的线上交易成本，通过线上交易达到销售和宣传产品的目的。让青稞产品面向更多的消费者，开拓更广阔的市场空间。尤其要通过网络、媒体、交易市场信息等全力进行西藏青稞文化的研究、挖掘、拓展和宣传，树立西藏青稞品牌形象（张华国，2018）。

第二节　茶叶产业

茶叶在藏族人民生活中具有重要地位，早在 1300 年前藏族人民就养成了饮茶的习惯。西藏茶树种植始于 20 世纪 60 年代，并逐步在西藏其他地区推广。近年来，西藏茶产业发展取得了长足进步，并成为西藏农牧业特色产业，在农牧民增收、脱贫攻坚和乡村振兴中发挥着重要作用。

一、茶产业发展现状

在消费全面升级的背景下，随着消费者人数的增加、新时代年轻人消费的崛起以及线上线下全渠道的普及，人们更加注重品质消费、健康消费和体验消费。消费总体呈现出高端化、品牌化、绿色健康化的特点。西藏受海拔、气候和土壤影响，绝大部分地区不适宜茶树生长。但藏东南部分地区气候湿润、土质优良、年积温相对较高、降雨强度小、降雨日数多，适合栽植茶树，且种植出的茶树品质并不亚于其他省市一些著名茶区。在此背景下，西藏高原有机茶以其独有的高原生长环境、悠久深厚的藏地文化，备受消费者的青睐，市场发展条件日趋向好。西藏茶叶主产区主要集中在林芝市墨脱县、易贡茶场、察隅县、波密县和山南市错那县勒布沟等地，气候以山地半湿润、湿润气候为主。截至 2021 年底，林芝市种植面积约 4.5 万亩，山南市错那县种植面积 742 亩。由于西藏特殊地理条件和气候环境，西藏适合茶叶种植的区域大部分集中在林芝市。本节基于产地视角，重点围绕林芝市茶产业发展展开探讨。

（一）总体概况

截至 2021 年底，林芝市墨脱县、易贡茶场、察隅县、波密县的茶叶种植面积达 4.5 万亩。茶产业从业人员 9833 人，其中：国有企业两家（易贡茶场和察隅农场）、私营企业 9 家（波密县 4 家、察隅县 3 家、墨脱县两家、鲁朗管委会 1 家），产品主要有红茶、绿茶、边销茶等。2021 年林芝市茶青产量 115 万斤，产值 1013 万元；成品茶产量 20.86 万斤，产值 7160 万元，其中边销茶产量 13 万斤，产值 560 万元；2021 年成品茶销售额约 2100 万元。（见表 4–2）。2016–2021 年，全市在茶园建设、茶园管护、茶青采摘、成品茶加工等方面累计带动 9388 名农牧民群众增收 3051 万元、人均年增收 3249 元。全市共计有四大知名品牌，分别为“雪域茶谷”“墨脱茶”“喜马拉雅圣茶”“藏地茶”，包含 10 大系列 29 个产品。

表 4-2　2021 年林芝市茶青、成品茶产量、产值及单位产值

项目名称	产量（万斤）	产值（万元）	单位产值（元 / 斤）
成品茶（其他）	7.86	7160.00	910.00
边销茶	13.00	560.00	43.08
茶青	115.00	1013.00	8.81

（二）各县茶产业发展现状

1. 墨脱县。墨脱县海拔 200~7787 米，平均海拔 1200 米。境内属雅鲁藏布江下游山川河谷地貌，地势北高南低，北、东、西三面高山相环，南面由中山向低山地带过渡，形似莲花。墨脱县经济以农业为主，于 2012 年建成第一个试验茶园，2013 年墨脱县将茶叶确立为农牧特色主导产业。2016 年以来，通过广东省对口援藏工作的持续帮扶，截至 2021 年底，全县茶叶种植面积 16738 亩，实现农民增收 257 万元，茶叶总产值约 1600 万元。茶园分布在墨脱镇邦塘、拉贡、上崩多、下崩多，背崩乡檫曲卡、东欧久、德兴翁，达木乡达木村、革林等地区。截至 2020 年底，西藏茶园主要种植福鼎大白、特早 213、梅占、储叶齐等品种。墨脱的茶园发展虽然晚于易贡茶场，但后发赶超速度较快，现阶段墨脱的茶产业发展主要是受制于当地的交通条件、劳动力条件及自然灾害。

2. 察隅县及察隅农场。察隅县地处西藏东南部，属喜马拉雅山脉和横断山脉交汇的高山峡谷区。全县平均海拔 2800 米，县城所在地竹瓦根镇吉公村海拔 2360 米。海拔最高处是察瓦龙乡与云南省德庆县交界的怒山山脉的梅里雪山，海拔 6740 米；最低海拔位于察隅河下游下察隅前门里，海拔仅 600 米。察隅县于 2017 年开展茶叶种植工作，种植区域主要分布在上察隅镇、下察隅镇，截至 2020 年底已经完成茶叶种植 14482 亩，共投资 3 亿元左右。投资模式包括政府和企业合作模式、政府全额投资、企业自行投资三种。截至 2021 年底，察隅县主要推广茶叶品种为名选 131、梅占、福选 9 号、软枝乌龙，茶园基地主要在下察隅镇沙琼村、竹尼村、塔林村、卡地村、沙玛村，上察隅镇松林村、目本村、格巴村、米古村、古巴村。察隅农场位于察隅县，属林芝市正县级国营农场。截至 2021 年底，察隅农场完成 2048 亩茶园基地建设。

3. 波密县及易贡茶场。波密县位于西藏东南部，帕隆藏布河北岸。县城所在地扎木镇，海拔 2700 米。气候温和湿润，年均温 8.5℃，1 月均温零下 0.2℃，7 月均温 16.5℃，年降水量 900 毫米。波密县于 2017 年开展茶叶种植工作，主要分布在易贡乡、古乡。2019 年底全县茶叶种植面积达 5068 亩。投资模式为政府全额投资、企业自行投资。截至 2020 年底，波密县主要种植软枝乌龙、中小叶种和大茶树。茶企业主要有西藏雪域高原茶业有限公司、京藏雪域茶叶有限公司、西藏金茶树茶叶有限公司等。易贡茶场属林芝市正县级国有农垦企业，地处波密县境内，海拔最低 1900 米，最高 2250 米。距离波密县城 108 公里，进出易贡的交通要道为 318 国道及 305 省道。易贡茶场现有农用地约 2.5 万亩（林地 1.35 万亩，耕地 1.15 万亩）。截至 2020 年底，易贡茶场已有茶园 6590 亩，主要品种为梅占和中小叶种，年茶叶产量 15 万斤，产值 900 万元以上。茶产品主要有“雪域茶谷”系列产品：易贡红特级、易贡红一级、易贡云雾、林芝春绿、雪域银峰、易贡砖茶、易贡特制康砖及雪域藏茶（黑茶）等。

（三）发展优势

1. 茶叶生产的生态环境条件良好。从实际种植环境看，林芝市气候因海拔高低的不同差异较大，热带、亚热带、温带及寒带多种气候带并存。林芝年均降雨量 650mm 左右，年均温度 8.7℃，昼夜温差较大，为茶叶中氨基酸积累提供了有利条件，年均日照 2022 小时，无霜期 180 天。从海拔、气候、温度和土壤条件来说，均可以为茶树生长提供适宜的生长环境。从历史经验来看，林芝市的易贡湖区域可种植茶树，发展茶园。从 1960 年开始，易贡已有近 60 年的种茶历史。虽然易贡茶场的经营几起几落，但铁山下的易贡湖，易贡湖旁的茶园就在那里，易贡产的砖茶也深受当地农牧民喜爱。

2. 林芝市委、市政府高度重视茶产业发展。林芝市委、市政府高度重视茶叶产业发展，在政策、资金、人才引进、配套服务等多方面给予大力支持，着力把茶产业打造为本地重要的高原特色农产品支柱产业。2018 年，市政府批准市财政从产业发展资金中划拨 3000 万、市财政技术扶持建设资金中划拨 1000 万、预算稳定调节资金中划拨 5000 万用于支持茶产业发展，给予茶产业发展充分资金支持；积极引导茶企和茶农，积极推广“企业 + 基地 + 农户”“政府 + 企业（能人）+ 集体（农户）”等经营模式，鼓励龙头企业建基地、种植大户发展专业合作社，扩大茶产业种植规模；同时坚持以茶产业品牌建设为载体，积极“走出去”推广宣传特色茶，推动林芝本地茶叶参展国际茶业博览会，不断扩大高原有机茶影响力。先后邀请四川、广东、北京等地茶叶专家就林芝茶产业发展规划、品种选择、品牌定位、种植技术等方面给予指导、培训；依托易贡茶场高原有机茶科研培训中心的人才和技术力量，举办茶叶种植技术、加工、茶园管理、茶树修剪等培训 3 场次，参训人员 200 余人次，为林芝市茶产业发展奠定了坚实的人才基础。

3. 具备区域特色品牌的后发优势。相比安徽的“生态徽茶”、贵州的“飘香黔茶”、福建的“多彩闽茶”、四川的“天府龙芽”等茶叶品牌，林芝红茶和绿茶的水浸出物含量高达 50.6%（国际标准为 32%），茶多酚含量达 35%，高出国内其他上品茶叶的一倍，高原有机茶品牌培育和打造具有得天独厚的后发优势。近年来，林芝市按照“规模发展、提质增效”的发展思路，实施“以区域公共品牌为基础、企业自主品牌为主体”的品牌打造战略，“雪域茶谷”“墨脱茶”“喜马拉雅圣茶”“藏地茶”等一批知名茶品牌得到广大消费者的青睐。2017–2020 年，“莲花秘境牌墨脱红茶、绿茶”连续四届在四川国际茶博会上荣获“金奖茶叶”；2018 年，墨脱红茶在上海茶博会上获得“中国好茶”金奖；“易贡云雾”绿茶荣获“第二届中国国际茶叶博览会”金奖；2019 年，墨脱绿茶、墨脱红茶荣获第六届西藏旅游商品大赛网络投票第一名。

4. 拥有深邃的茶文化。藏茶文化始于西汉的丝绸之路，茶马互市的交易形态开启了早期的西藏茶叶贸易和茶文化，也传承了中原地区的制茶方法与饮茶礼节。近年来，在全域旅游和冬游西藏政策的推动下，本着“茶区变景区，茶园变公园，茶山变金山”的发展理念，借助自驾游、探险游、康养游、体验游等多种旅游方式，西藏着力推进文旅融合发展，将深邃的雪域高原茶文化与精品民宿、会议会展、商务洽谈等活动无缝衔接。

二、茶产业发展存在的问题

（一）产茶区耕地资源匮乏

截至 2021 年底，林芝市宜农土地主要分布于高山峡谷地带，海拔在 1500~3000 米，总面积 8.42 万亩，仅占全市土地面积的 0.05%，其中可垦水耕农地 1.31 万亩，可垦旱耕农地 7.11 万亩。由于宜种茶地相对匮乏，严重制约了林芝市茶产业高质量发展。

（二）缺乏具有显著影响力的大企业

林芝市茶叶企业有西藏雪域高原茶业有限公司、京藏雪域茶叶有限公司、西藏金茶树茶叶有限公司、易贡茶场、察隅农场、德茗茶业有限公司、林芝墨脱茶业有限公司。这些茶企业由于生产规模较小，生产设备陈旧，技术创新能力和市场竞争力不强、市场占有率较低、经济效益不显著，致使其区域影响力相对较弱。

（三）产业发展所需的各层次人才不足

林芝市地处边疆地区，人口稀少，采茶高峰期存在劳动力缺乏、采茶人员不足、采茶成本高、用工难、用工贵等问题，且从事茶叶生产的茶农文化程度较低、接受科技知识能力差，科学种植、科学管理、科学加工等技术在推广应用中难度较大，新技术很难转化为生产力。缺乏专业技术管理人才，导致技术服务体系难以健全，一定程度上制约了茶叶生产加工、技术培训、新品种引进及茶叶质量监管。在西藏茶业发展以机械化作业为主的前提下，按 1 个劳动力负责 5 亩茶园的茶叶采收工作计算，加上茶叶加工、运输等方面的人员需求，盛产期的 5 万亩茶园至少需要 15000 个采茶相关用工；根据产茶地现有人口计算，若茶园扩大到 10 万亩，则当地所有乡村劳动力均从事茶叶作业，仍有较大的劳动力缺口。（见表 4–3）

表 4–3 林芝市茶叶生产基地人口与劳动力情况

人口与劳动力情况	易贡茶场	波密县（仅易贡乡）	墨脱县	察隅县（农牧民）	察隅农场
人口数	1508 人	约 2300 人	1.4 万人	25024 人	400 人
劳动力	738 人	约 700 人	6209 人	12999 人	40 人

数据来源：地区官方网站，众诚智库整理，2019 年 12 月。

（四）处于茶叶产业链条前端附加值低

林芝市本地茶叶加工企业主要从事鲜叶到成品茶初加工，其现有生产线还无法满足清洁化、连续化、自动化的加工标准，深加工产品缺乏茶食品、茶饮品、茶用品等茶精深加工品的研发，导致茶资源的利用率、附加值较低，茶产业链不能向高附加值产品延伸。

（五）茶叶产业化和组织化程度低

林芝市除易贡茶场、墨脱县之外，多数茶园规模小、管理水平落后、基础设施薄弱，因缺乏技术指导，现有茶农无法做到施好肥、施足肥、科学施肥，茶叶种植管护不到位，面对灾害天气应对能力不足，种植人员面对突发情况的预防、补救能力不足，在种植后出现死苗等情形，大部分茶园种植、采摘、生产方式还属于自然农业、小农经济，亩产量低，亩产值仅为 0.2 万元 / 亩，远低于广东等发达地区。茶农收入有限，缺乏基于流畅供应链的利益保障机制，茶农的生产积极性不高，制约了茶产业发展。还由于经营分散，农牧民经济实力有限，茶园基础设施跟不上，茶叶生产加工新技术、新方法难以推广和实施，很多茶园处于人种天收的半自然生长状态，造成经营难以维持、茶产业规模效益低下的局面（吴永隆，2019）。同时，龙头企业的规模化程度不高，各地资源利用缺乏协同，为开拓市场、品牌建设、规范化生产、品质管控等多方面发展带来了诸多困难。

（六）产业发展成本较高

易贡湖区域新开发的茶园从种植到投产，每亩投入超过 2 万元。在保证成活率的情况下，易贡湖区域仅茶苗成本约为 1.7 元 / 株。墨脱县新建茶园成本为 1.25 万元 / 亩，后期管理费为 0.45 万元 / 亩 • 年。而贵州茶区标准茶园建设成本从第一年整地到第四年投产，总投资约 0.5 万元 / 亩。相较之下，林芝市建设茶园基地成本较高。

（七）基础设施配套有待提升

截至 2020 年底，林芝市易贡茶场和墨脱县已具有较强的茶叶加工能力，但是易贡茶场加工设备较为陈旧简单，只能匹配 3000 亩茶园的产能，恰好能够满足现阶段投产茶园的生产加工。墨脱处在喜马拉雅断裂带，地质活动频繁，是地震、塌方、泥石流多发地带，加之墨脱气候潮湿多雨，墨脱公路经常塌方，交通条件滞后是制约墨脱县茶产业发展的主要瓶颈。

（八）品牌建设尚待加强

林芝市茶产业发展处于起步阶段，尚未建立统一的茶叶宣传品牌；茶产品与传统茶区相比，无先发优势，若要实现“弯道超车”，只能凭借自身特色，尽快打造高原有机茶叶品牌。

三、茶产业发展对策建议

（一）因地制宜，产业定位彰显区域特色

立足西藏茶发展优势，以形成享誉全国的新名片为方向，进一步加强茶产业规模化、品牌化、标准化、科技化、生态化建设，形成产业特色明显、品牌优势突出、结构布局合理的种植、生产加工、销售等产业链各环节全面发展的茶产业体系，着力把茶产业打造为西藏高原生物产业的重要组成部分，着力把林芝建成中国藏茶之乡。在产品定位上，以高原有机和绿色生态品质为依托，着力打造高端情怀产品，推出旅游伴手礼品和西藏农牧民消费茶品。在市场定位上，对于农牧民消费市场，主要生产高品质健康砖茶供农牧民消费；对于旅游市场，紧扣游客对西藏神山圣湖的向往和天然无污染雪域圣茶的消费需求，打造高端茶产品，主推高端伴手礼品。

（二）加强顶层设计，产业整体布局科学合理

西藏茶产业发展主要集中在巴宜区、波密县、墨脱县、察隅县等区域。巴宜区宜作为主体功能区为茶产品提供集散、交易与展示窗口，加快建设“茶叶研发中心”“茶叶展览示范中心”“茶叶交易中心”。以波密县、察隅县、墨脱县为重点，以易贡湖茶区、察隅农场为西藏茶叶精深加工的核心区。墨脱县和察隅县为西藏茶叶生产加工的提升补充区。三大生产区域以茶马古道、喇嘛寺、果果塘茶园等为主要景点，结合主体功能区与国际旅游小镇鲁朗景区，形成林芝市茶叶和旅游融合发展带。

（三）狠抓关键环节，多措并举推进茶产业高质量发展

1. 原料种植环节。按照无公害生产标准，根据林芝市气候、土壤等环境条件，确定西藏主栽茶树品种及区域分布，选育国家品种 1–2 个，省级品种 2–3 个。从地方种选育无性系新品系 2–3 个（例如以易贡茶场命名的易贡 1 号、易贡 2 号）。主产地各县根据主要生产茶类，推广选育优良品系。

（1）建立西藏地方种质资源保存与创新圃。按照“立足本地、适当引进”原则，强化适合当地茶类种植的无性系良种扩繁工作，建立茶树种苗引进备案制度，防止盲目引种。加强无性系良种繁育体系建设，完善市、县、乡三级繁育体系，为无性系良种茶园发展提供种苗保障。加

强茶树种质资源研究工作，开展西藏茶树种质资源的收集、保护和开发利用工作。

（2）加快种植技术创新。积极邀请中国农业科学院茶叶研究所、广东与福建农业领域相关专家到西藏进行技术讲座、开展指导，在茶叶研发中心设立外聘研发人员工作点，加大茶叶种植技术研发力度，加快将科研成果转化为生产力，重点解决茶叶耐受性、土壤增肥、病虫害绿色防控、茶青的运输存储等技术难点；引进国内先进茶叶园区农产品种植和管理技术、先进农机设备，运用现代化生产技术和管理方法，提高茶叶种植的科技含量，强化优势产品技术推广。

（3）加强山区种植技术管理。西藏茶园多为山区茶园，种植环节需保证土壤的湿润度、养分含量、土层厚度、有机物含量，酸碱适宜度需要在 4–6.5 之间；茶园规划要保障机耕道、山道、工作用道、纵向通道、横向通道的畅通。

（4）推进茶园建设。以基础设施规范化、推广品种良种化、生产过程标准化、生产经营组织化、产品销售品牌化作为建设目标，在基地集成技术，集中资金，以万亩茶叶基地建设为抓手，着力打造茶叶种植基地，培育龙头企业，到 2025 年实现建设 10 万亩茶叶种植面积的目标。着力打造良种繁育基地，培育适合本地种植的茶叶品种，进行试验、示范和推广。请茶科所茶叶科研专家实地培训指导农户们运用茶叶种植创新技术，推广标准化高产栽培技术、清洁化栽培技术和无公害生产技术标准。基地实行专业化统防统治。建立农产品质量安全监督与检测站，实行基地准出和产品可追溯制度。重点支持波密县、墨脱县、察隅县茶叶种植示范基地建设。

（5）建立完善基层农技推广服务机构。农业农村厅在西藏重点种植县设立茶叶种植技术推广服务站，每个村设立村级茶叶种植技术推广服务点，由专业农业技术人员指导茶园种植基地建设工作，建立茶叶病害预警与控制区域站，定期发布茶树病虫简报，并由专业人员收集整理当地茶叶种植相关信息，通过派发宣传册或手机短信向广大茶叶种植农户发送种植提示信息，指导茶场、茶园农户科学生产。

2. 产品加工环节

（1）提升茶园、茶厂的信息化建设水平。通过培训、会议、论坛等形式强化本地企业信息化应用意识；引导扶持企业在供应链、生产、营销、物流、管理等环节加强信息技术应用，如茶园温湿度自动监测、病虫害远程诊断等，指导企业利用信息化建立和完善统一、标准、高效的市场运营模式；积极推行茶叶加工的标准化，积极运用现代科技手段，引进先进的加工、制作和包装技术，建立先进完备的物流配送体系，保证茶叶原材料及产品流通顺畅、运输快捷；加快茶厂、茶园信息化建设步伐，积极利用大数据、物联网、5G 等新一代信息技术，支持企业在未来开展“智慧茶园”建设。

（2）建设安全优质管理体系。一是推广茶园绿色防控技术。推行茶园投入品“五统一”管理，开展茶园病虫害统防统治工作，实施减少茶园化肥、农药使用“双减战略”，逐步普及色板、太阳能杀虫灯、生物农药防治应用。二是加强对连片茶园的备案管理，对连片茶园实行插牌管理制度，明确专人负责，确保茶园安全。三是完善质量安全监督管理体系，建立一套质量安全管理制度，提高农药销售准入机制，禁售高毒高残留农药，对农药实施专卖制和集中配送，实行购买农药化肥购物卡或信息登记制度。

（3）加强产品质量标准认证。一是指导茶叶企业申办 SC 认证、无公害食品认证、绿色食品认证、有机食品认证和 ISO9000 质量认证、ISO14000 环境认证，整体加强茶叶产品生产加工质量规范。二是提高茶叶产品公共检测水平，建设茶叶质量检测中心，为企业提供高水平的公共检测和技术研发服务。三是开展茶叶质量安全可追溯试点。支持茶叶生产基地、农民专业合作组织在茶园管理和加工等环节，通过物联网技术示范应用，实现茶产品质量安全追溯。四是完善质量安全检验检测体系，对全市茶产品及茶园投入品进行监控和不定期抽检，以确保西藏茶叶质量卫生安全。

（4）加快茶叶深加工技术工艺研发。进一步推进茶产业链从炒制初加工向精深加工延伸，提高产品附加值。以清洁化、标准化和规模化为发展方向，研发推广先进适用、节本高效、绿色环保的茶叶生产技术。加快设备更新改造，加快推进茶叶初制、精制分工进程，创新茶叶精制工艺，根据市场需要不断改进茶叶制作、包装和品味。研究茶叶循环利用途径，解决中低档茶叶及废弃物的根本出路，提升茶产品加工绿色化水平。

（5）加强对茶衍生品开发。根据消费市场对于茶产品的健康性、便利性、文化内涵丰富性等需求热点，加强情报分析，研发茶叶饮料、食品、保健品、食品添加剂、饲料添加剂、日化用品等终端产品，着力占据产业链制高点，提高茶叶资源利用效率。加快合作科研机构茶科技成果的转化。促使域内产品实现高中低档次互补，避免集中于同档次特别是低档次竞争。利用西藏特殊的自然优势和丰富的名贵中草药，开发保健茶，提高茶叶档次和附加值（吴永隆，2019）。

3. 市场营销

（1）筑牢本地市场。进一步开拓西藏区内市场，组织开展形式多样的藏茶推介营销活动，扩大西藏茶叶影响力；大力推动电子商务在茶叶全产业链的开发、运用，强化其在获取行业资讯、茶叶品鉴、购买、收藏、弘扬藏茶文化等方面的服务功能，不断拓展业务范围；鼓励企业针对不同地区人们的饮茶习惯和市场情况，生产适应当地市场的茶叶产品，采用连锁经营方式，向区外大中城市延伸西藏茶经营服务网点，不断满足广大消费者的饮茶消费需求。

（2）开拓国内市场。依托民族节庆和重大活动做好旅游营销推广，重点对北京、四川、广东、福建等省份开展营销推广活动。推进西藏茶产业电子商务拓市，开拓线上市场。鼓励西藏企业开展品牌连锁经营，多渠道拓展线下市场。建立西藏茶叶线上线下相结合的商业模式体系，推进网上旗舰店＋线下实体店、传统实体店＋概念体验店等多层级多方位的融合。加强茶叶交易市场和零售网络建设。完善物流流通体系建设，提升加工配送、常规物流、冷链物流、电子结算等功能。加快跨境电商发展，鼓励西藏茶企业大力拓展海外市场。尤其处在电商时代，西藏茶企业应借助“互联网＋”模式，通过电商平台扩大品牌影响力，增加营销范围，打开网络销售领域（彭军华等，2021）。

（3）探索国际市场。主动抓住“一带一路”建设带来的契机，加大力度开拓国际市场。一是开发与国际市场接轨的茶叶产品。强化技术创新，充分考虑国际市场对茶叶品质、品种选择、消费方式等方面的差异性，开发创新茶产品，不断拓展国际市场销售空间。二是强强联合升级运营模式。走出茶叶界，寻求跨国界跨行业合作，积极与国内外著名品牌运营商开展合作，进行双商标联营、合资（商标）联营、交叉（商标）联营。三是鼓励外销茶企业组建西藏茶叶出口联盟，抱团发展。扶持茶叶出口龙头企业抱团实施“优势品牌走出去”战略，共同拓展国际市场。四是支持出口企业主动融入国家“一带一路”建设，挺进国际市场。依托藏茶文化开展“高原圣茶飘香行”等系列品牌推介活动，同时借助相关国际平台，组织茶叶企业与“一带一路”沿线国家通过茶文化展、茶博会等多种形式，挺进国际市场。

4. 产业融合环节

（1）建立产品质量标准体系。产品质量标准体系应包括西藏茶叶的产地环境、生产加工技术、包装储存运输、产品质量安全和产品追溯体系等方面的内容。应根据国内和国际市场对茶类商品品质的要求，结合西藏的实际情况，建设绿色无公害生态茶园，科学管理茶叶生产环境，保证茶叶加工品质，为西藏茶产业的健康发展打下基础。

（2）推动茶旅融合发展。根据西藏茶产业四县两场分布的区域特点，科学规划、因地制宜、合理开发，避免各自为战、资源浪费、盲目开发；设立专项资金扶持茶旅产业发展，每年从市财政安排专项资金，用于茶旅规划、茶旅产品打造、茶旅基础设施建设与完善、茶旅发展人才培训、品牌宣传推介以及对茶旅企业的适度奖励补助；提升茶旅产品文化性：还原茶马古道，通过科学规划、改造古道景观、修复古道驿站、历史场景模拟等手法，提炼古道文化，增加特色参与体验性项目，打造富有西藏特色的茶马古道。整合文化资源，打造高原文化体验基地，推动高原文化与茶旅融合发展。

（3）深度挖掘藏茶文化。深入挖掘藏茶历史文化，通过图书、微电影、短视频、广告宣传片、博物馆、文化展示中心等相关媒介，全方位展现藏族丰富的文化内涵，弘扬藏茶文化的独特魅力。加强藏茶非物质文化遗产开发保护，活化其具有表演性、观赏性和科普性的生产工艺环节，促进藏茶文化的普及和推广，提高消费品位。开展茶文化工艺品创新设计，引导产品消费向价值链高端环节延伸，提升西藏茶产业附加值。

（4）推动“茶叶互联网+”建设。借助大数据技术手段，分析用户群体画像，针对性地从用户喜好和消费行为入手，作为西藏茶叶新产品开发和营销造势的依据。从西藏茶叶口味、规格、外包装等多方面寻找切入点，与互联网营销博主、传播大V及火热IP等进行多方跨界合作，开展事件营销、social（社会化）营销、PR（公共关系）传播、广告投放等，凝练品牌营销热门话题，提升西藏茶叶品牌知名度，吸引消费流量。借助互联网宣传海报、视频、直播、游戏等形式，提高西藏茶叶关注度。

5. 科技支撑环节

（1）加快机械设备普及。通过推广茶园机械直补、培育茶园机械服务专业化组织、专业技能和知识培训及试点示范，积极推进茶园管理的机械化，每年机械化覆盖率以5%速度递增。到规划期末，机械化管理的茶园面积占比为50%。选择茶叶龙头企业及茶叶合作社开展试点工作，给予政策或资金扶持。主要推广茶园采茶机、修剪机、微耕机和水肥一体化设备，加大力度支持采茶机械的应用。鼓励重点龙头企业建设科研和技术研发中心，积极引导企业申报国家级农产品加工技术研发中心及专业分中心、茶叶加工技术研发中心。

（2）加快科技成果转化。以茶叶研发中心为依托，鼓励茶叶生产企业与区外科研单位、高等院校和技术推广机构，在互惠互利的基础上建立长期稳定的科技合作关系，加快西藏茶叶科技研发和科技成果的引进、吸收和转化。

（3）打造产业信息服务平台。充分发挥互联网在当今市场要素配置中的积极作用，将互联网的创新成果深度融于西藏茶产业发展之中，提升产业创新力和可持续发展能力。利用大数据、云计算、物联网等最新技术手段，加快构建技术先进、数据权威、覆盖面广、功能复合的西藏茶产业综合信息服务平台，提供包括综合服务、市场监测、价格信息、信用保障、产品推介、供应链金融、农业投资咨询等相关配套服务，促进全市茶产业链上下游的高效对接和资源最优配置。

（4）打造西藏茶叶质量安全追溯平台。充分利用大数据、物联网、5G等信息技术，建立覆盖茶叶种植、采摘、验收、初加工、精加工、包装、仓储、检验等全流程的质量安全追溯平台，实现各环节现场视频与数据信息的可查询、可追溯。实现茶产业全程质量安全管控，塑造西藏茶叶品质的良好形象。

（5）提高资源综合利用。一是提高原料品质并降低采制成本。未来十年，从无性系良种普及推广开始，对于低山与丘陵茶园通过换种改造推广无性系良种，新辟茶园全部推广无性系良种，按照机采要求培育树冠。二是加大夏秋茶产品开发力度。支持有市场开拓能力、有延伸茶产品加工链能力的龙头企业利用夏秋茶原料进行茶多酚等提取物、茶浓缩汁、茶膏、抹茶、绿饼茶、红砖茶、超微茶粉、速溶茶等精深加工产品以及茶干果、茶饼干、茶面条等茶食品，茶皂素、茶饲料等延伸产品研发生产，以及茶花、茶籽、茶渣等茶资源的利用，并给予适当补助。

第三节　藏药材产业

藏医药是中华优秀传统文化和传统医药学的重要组成部分。藏药材是藏医药事业传承和发展的物质基础，是关系民生和特色健康产业发展的战略性资源。保护和发展藏药材资源，对于藏医药传承精华、守正创新、建设健康西藏，对于发展健康产业、增加农牧民收入、巩固拓展脱贫攻坚成果、促进生态文明建设、实现乡村振兴，具有十分重要的意义。

一、藏药材产业发展现状

西藏是藏医药的发祥地，拥有丰富的药用野生动植物及矿物资源，列入《中华人民共和国药典》的品种多达 188 种。西藏是藏药材的主产区，其独特的地理位置、特殊的气候条件孕育了丰富的动植物和矿物资源，药用品种达 2200 余种，常用野生药用植物达 400 余种，其中有些品种属于青藏高原特有种。喜马拉雅紫茉莉、螃蟹甲、尼泊尔紫堇、高山辣根菜、甘青青兰、大花红景天等药材是西藏重要的道地药材。西藏藏药材人工种植技术研究及小规模种植起步于上世纪 80 年代中期，进入 2000 年后人工种养殖技术研究和示范种植业长足发展，近 30 种药材逐步实现技术成果的转化。

藏医药学是具有千年传承历史的高原瑰宝，是 2006 年全国唯一被列入首批国家级非物质文化遗产名录的少数民族医药学，具有完整的理论体系和丰富的临床实践经验，其独特的疗效在国内外获得了广泛认同和应用。通过对《中国药典》《部颁标准·藏药分册》《藏药标准》及有关藏药专著中收载的439个制剂及涉藏工作重点省的40家藏医医疗机构和藏药制药企业实际生产使用的711种院内制剂、藏成药制剂处方中使用的药材共约502个品种进行调查研究发现：绝大多数为藏药特有品种；中医与藏医交叉使用的药材品种122个，约80%的藏药材品种均产自于青藏高原。

“十三五”期间，西藏藏医药行业全面贯彻可持续发展理念，加大对大宗常用藏药材和名贵濒危野生藏药材的繁育、栽培、种植、推广，藏药材资源在“保护中开发，开发中保护”的思想共识基本确立，藏药材繁育、种植、推广和技术研究工作相继展开，扶持藏药材生产种植项目11个，下达扶持资金1410万元，种植藏木香、螃蟹甲、独一味、喜马拉雅紫茉莉、波棱瓜、大花红景天、白花秦艽、灵芝、桃儿七、枸杞等药材品种10余种。截至2021年底，西藏123种藏药材通过德国CERES（有机食品认证）质量认证，58种藏药材获得美国、欧洲“通行证”。截至2021年底，西藏7种藏药材种植面积共有2268亩。种植面积占比由高到低依次为枸杞子780亩（34.39%）、沙棘490亩（21.60%）、水柏枝300亩（13.23%）、喜马拉雅紫茉莉250亩（11.02%）、西红花200亩（8.82%）、金银花176亩（7.76%）、红花72亩（3.17%）。

加强藏药材资源保护和科学利用工作，有利于生态环境与生物多样性保护，能够有效提高野生藏药材资源科学合理利用；加快藏药材种植业的发展，既可以降低对野生资源的依赖和消耗，又可以带动农牧民增收，是确保健康西藏建设和乡村全面振兴的重要举措。

二、藏药材产业发展存在的问题

藏药材资源日益短缺、产业链尚不健全、人才紧缺创新不足、生产布局缺乏科学规划、种植设施落后、生产不规范等是当前西藏藏药材产业发展面临的主要问题，也是制约该产业高质量发展的主要瓶颈。

（一）藏药材资源日益短缺

据统计，西藏藏医药产业发展需求的藏药材 95% 依赖于野生藏药材的采集。近年来，药材资源开发利用率不断攀升，同时当前不科学不规范的采挖方式、不完善的监督管理模式，及全球气候变化、野生藏药材资源生长周期漫长、生长环境恶化、生存空间逐步缩小等因素影响，大花红景天、桃儿七、船盔乌头等部分品种蕴藏量急剧下降，毛瓣绿绒蒿、白花龙胆、尼泊尔紫堇、乌奴龙胆等部分品种处于濒临灭绝的境地，纳入青藏高原濒危藏药材目录的高达 70 余种。同时，西藏普遍存在过度保护和奇缺药材掠夺式采挖，缺乏合理利用机制，导致资源浪费，野生藏药材资源供需矛盾日益凸显，已不能满足藏医药事业和健康产业发展需求，科学保护藏药材资源和合理利用工作已迫在眉睫。

（二）藏药材产业链尚不健全

由于投入严重不足，藏药材种植技术研究工作相对滞后，已有技术成果难以推广，尚未建立健全种质库、种子种苗繁育基地、种植技术研究基地和示范种植基地，人工种植还处于探索和研究初级阶段。藏药材资源信息平台尚未建立，致使供需信息交流不畅，出现品质管控力弱、价格波动较大等问题。藏药材资源质量保障体系、服务生产体系和现代流通体系尚未建立，优质藏药材的供应保障面临巨大挑战。

（三）专业人才紧缺且创新不足

受西藏特殊地理气候因素影响，难以吸引区外专业人才进藏工作，导致从事藏药材科学研究、生产经营的高层次人才相对匮乏。区内藏医药院校培养专业人才规模有限、内容单一、专业技能层次较低，导致藏药材生产企业人才缺乏，严重制约了藏药材的人工培育、大宗藏药材种植技术推广、质量检测等技术自主创新，以企业为主体的产学研合作研发体系尚未形成，藏药材关键共性技术研究创新平台能力建设还需提升。藏药材生产技术和藏成药剂型现代化改造乏力，产品更新换代和技术升级缓慢。

（四）生产布局缺乏科学规划

道地药材源自特定产区、具有独特药效，需要在特定地域内生产，才能保证其优良的品质。由于缺乏统筹规划和合理布局，资源过度开发，部分野生药材资源濒临枯竭。同时，适宜产区种植不规范，非适宜区盲目扩种，造成药效下降、道地性丧失。存在盲目引种、跟风种植市场热销藏药材等问题，导致部分药材种源混乱、品种变异、品质降低，质量参差不齐，藏药材道地性不突出，对野生藏药资源保护和实现可持续利用亟待加强。

（五）种植设施落后且生产不规范

藏药材种植基地土壤、道路、灌溉、供电、互联网等配套基础设施条件还有待改善，生产、采收和产地初加工环节现代农业技术装备的推广应用不足。西藏大部分藏药材种子种苗缺乏科学化管理和研究，存在部分药材基原混乱、病虫害综合防治科学技术体系缺乏、化肥农药等投入品使用不规范、采收期不统一、加工方法不规范等问题。

三、藏药材产业发展对策建议

保护和发展藏药材资源，开展种植基地建设，构建全产业链高质量发展是藏药材产业化发展的一项系统工程，需要加强规划引导，加大投入力度，聚焦重点，聚合资源，聚集力量，合力推进。在曲水县、墨竹工卡县、堆龙德庆区、桑珠孜区、亚东县、吉隆县、乃东区、贡嘎县、扎囊县、曲松县、桑日县、错那县、卡若区、芒康县、察雅县、左贡县、工布江达县、米林县、波密县、察隅县、朗县、墨脱县、嘉黎县等地，重点种植胡黄连、卷叶贝母、天麻、藏红花、大黄、红景天、当归等藏药材，重点创建米林县藏医药产业园，打造曲水县才纳乡、吉隆县吉隆镇藏医药产业强镇。

（一）加强野生藏药材的保护和可持续利用

逐年在藏药材主产区（资源集中区）地市建立藏药材资源监测和信息

服务站，实现资源主产区的资源动态监测，实现及时掌握资源动态变化，为保护和开发利用藏药材野生资源提供依据。坚持保护与开发并重原则，制定西藏藏药材资源区划，研究编制《西藏自治区藏药材野生资源分类分级目录》；根据药用植物生长自然规律和资源储量监测结果以及国土空间总体规划，制定切实可行的野生药用植物保护和科学利用措施，用好用足现有资源，避免保护过度或采集过度，处理好藏药材野生资源保护和利用的突出矛盾。充分利用第四次藏药资源普查数据，有针对性地开展道地藏药材资源保护、优良品种种子种苗繁育、推广等研究，构建道地藏药材种植和保护开发体系；通过开展实地调研、可行性论证，选择适宜区域，探索建立以保护、研究、科普、旅游观光为一体的"喜马拉雅药用植物园"，建设濒危野生药用植物保护基地、药用植物种质资源库，保护药用种质资源及保障生物多样性。逐步建立起以政府牵头，部门协作，全社会共同参与，符合西藏经济社会发展实际的藏药材资源保护和利用新格局。

（二）着力推进藏药材种植产业高质量发展

大力推进藏药材种植业发展，着力解决藏药材供需矛盾。进一步加大投入，组织藏医药、农业等相关科研单位及大专院校与企业联合攻关大宗药材种植技术和种子种苗繁育技术，突破一批藏药材种植的技术难点；结合发展现代农业和实施乡村振兴战略等政策，鼓励乡镇、合作社、企业等团体利用山地、林间（林下）、荒地等大力开展藏药材仿野生种植；按因地制宜、统一规划、合理布局、集中连片的原则，加强种植基地基础设施建设，建成高标准藏药材生产基地。依据西藏野生林麝等动物的生活和生态习性，借鉴其他省市人工驯养经验，初步探索林麝、熊、鹿等的养殖技术和方法，建设养殖基地；依托龙头企业、农民专业合作社和联合体等新型经营主体，构建"企业＋科研＋合作社＋农户"的生产经营模式，带动农牧民按标准生产、规范管理，推进藏药道地药材全程标准化生产，保障藏成药大品种、藏药饮片和急需野生动物药的原料供应。结合做大做强藏医药健康产业和乡村全面振兴宏伟目标，加快建设西藏藏药材产业园。

（三）强化藏药材科技创新

一是强化藏药材基础研究。开展藏药材基原考证，明确药材来源与药用部位，深入开展藏药材成分分析和药效研究，夯实藏药材基础研究并对具有特殊药效、成分独特的藏药材进行必要的保护，为藏药健康产品的创新提供理论和技术支撑。二是传承创新传统藏药材生产技术。挖掘和继承道地藏药材生产和加工技术，利用现代农业生物创新技术，形成优质藏药材标准化生产和产地加工技术规范，加大在适宜地区推广应用的力度。三是突破濒危稀缺藏药材繁育技术。综合运用传统繁育方法与现代生物技术，突破一批濒危稀缺藏药材的繁育瓶颈，支撑濒危稀缺藏药材种植养殖基地建设。四是促进藏药材综合开发利用。充分利用区内外现代科技资源，加强协同创新，积极开展藏药材功效的科学内涵研究，为开发相关健康产品提供技术支撑。五是加强科技攻关，开展濒危药材替代品研究、矿物药鉴定研究。以藏医药理论为基础，遵循药性、功效、生物活性相近、资源丰富等原则，重点攻关生产需求量大、濒危程度严重、生态要求高、人工栽培难度大的濒危藏药材的替代品研究；进一步加大投入，在西藏藏医药大学药用矿物鉴定实验室基础上，建立药用矿物鉴定中心，逐步完善和提高药用矿物的鉴定方法及其标准，确保药用矿物的安全有效。六是推进科技成果转化。探索构建“企业＋科研＋合作社＋农户”的生产经营模式，积极开展药材种植基础研究和关键技术攻关，加快科技创新成果转化和技术推广。鼓励和支持企业联合科研院所开发保健品、化妆品、功能性食品、食品佐料、饲料等高附加值延伸产品，加快成果转化，提高产业产值和资源利用率。

（四）提升藏药材质量安全水平，推进藏药材产业化建设

一是提高和完善藏药材标准。加强藏药材种子种苗质量和生产质量管理，创建提升藏药材种子种苗质量标准，保证种子种苗质量安全。结合推进藏药标准三年行动计划，规范藏药材名称和基原，完善藏药材性状、鉴

别、检查、含量测定等项目，建立完善的藏药材外源性有害残留物限量标准，健全以药效为核心的藏药材质量整体控制模式，提升藏药材质量控制水平。二是完善藏药材质量检验检测体系。加强药品检验机构人才队伍、设施建设，加大对藏药材原料、藏药饮片的抽样检验力度，鼓励第三方检验检测机构的发展。三是建立覆盖主要藏药材品种的全过程追溯体系。建立藏药材从种植养殖、加工、收购、储存、运输、销售到使用全过程追溯体系，推动藏药生产企业使用源头明确的藏药材原料，实现来源可查、质量可追、责任可究。四是推动藏药材品牌建设。筛选优势道地药材品种，加强标准化生产管理，强化药材地理标志及知识产权保护意识，打造“地球第三极”药材品牌，加快推动藏医药领域品牌建设。

（五）构建藏药材生产服务体系

一是建设生产技术服务网络。发挥农业技术推广体系作用，依托科研机构，构建全国性藏药材生产技术服务网络，加强藏药材生产先进适用技术转化和推广应用，提高藏药材基地建设整体水平。二是建设生产信息服务平台。建设西藏藏药材生产信息采集平台，提供全面、准确、及时的藏药材生产信息及趋势预测，促进产需有效衔接，防止藏药材生产供需失衡和价格暴涨暴跌。三是加强藏药材供应保障。依托藏药生产流通企业和藏药材生产企业，建立和完善西藏藏药材储备库，提高供应能力。加大进口药材需求调查力度，科学精准制定进口藏药材目录，推动进口藏药材检疫和供应保障，确保藏医药产业可持续发展的藏药材需求。

（六）构建藏药材现代流通体系

一是完善藏药材流通行业规范。探索建立符合西藏实际的常用藏药材流通管理规范，制定藏药材包装、仓储、养护、运输行业标准，为藏药材有序流通夯实基础。二是建设藏药材现代物流体系。推动建设一批标准化、集约化、规模化和产品信息可追溯的现代藏药材物流基地，培育一批符合藏药材现代化物流体系标准的初加工与仓储物流中心。

（七）建设规范化藏药材种植基地，构建藏药全过程追溯体系

藏药材的种植基地非常重要。建议相关职能部门统筹规划道地化区域，利用“互联网＋藏药材基地”形成数字化管理体系，实现差异化种植，保证藏药材道地化，避免品种变异，实现藏药材种植、田间作业可追溯，保证药材原料的质量，实现藏药材产业的可持续发展。藏药全过程追溯体系是确保藏药质量的基础性工程，建议由相关职能部门组织成立专业领导小组，推进和完善西藏藏药材流通追溯体系。通过采取规范化种植、道地藏药材溯源等措施，实现藏药材的培育、种植、田间地头的作业、采收、产地加工、留样送检等全过程监控可追溯。

（八）开展藏药药效物质研究，建立符合藏药特点的 GMP 体系

藏药药效物质不明确是制约藏药产业发展的关键问题，建议在区级政策层面设立科研专项，系统开展藏药药效物质基础研究，完成对藏药品种有效成分的界定，用于制定藏药材的质量标准。在此基础上，探索对藏药保密方剂的深入研究，寻找多味药相互作用产生的协同增效作用机理，用现代医药学原理更好地阐释藏医药治疗的理论基础和框架。藏药的 GMP 管理体系不可完全复制西药管理体系，应该充分掌握传统藏药理论并吸取实践经验，制定符合于藏药特点的 GMP 管理细则，具备较强的可操作性，既能指导藏医药企业的管理生产规范，又能作为监管部门监督检查的衡量标准。

（九）制定藏药材产地加工规范，扩大产地加工品种目录

进一步强化藏药材品种扩繁研究，制定产地加工品种目录，保证原药材内在质量，缩短产业链长度，降低生产成本。对于其含量容易流失的品种，制定相应的产地加工生产工艺或仓储养护指南，进行实时监控管理。对于其含量不易流失的药材品种，保持下游企业自行加工的原则。

（十）推动藏药第三方质量检测，实现藏药生产自动化

充分利用民间资本成立第三方独立检测机构，制定一套完整的标准药材含量指标（基于如农残重金含量合格基础之下），对各种植基地、各批

次藏药材进行独立检测，避免出现因含量不达标而掺假、制假的现象。围绕藏药生产工艺落后，生产设备自动化、智能化水平低等问题，制定藏药产业转型发展规划，可以分步实施或部分区域先行先试，最终实现藏医药产业工业化、绿色化、自动化。致力于开展藏药物料流动性研究，一旦解决了物料流动性，相应的生产加工设备会在较短时间内实现升级换代，达到较高程度的自动化流水线作业。

（十一）加强藏药健康产业发展，不断延伸现代藏药产业链

藏药健康产业要重点发展现代藏药、医用材料及医药器械设备、生物技术食品等产业，以打造藏医药产业聚集区为目标，依托藏药材资源优势，积极承接医药产业转移。围绕国家对医药产业的规划定位，加强地道种植基地、健康产业基地、藏医药健康服务创新中心和藏药种植园建设。

第四节　蔬菜产业

西藏独特的高寒自然生态资源与环境孕育了独特的高原特色农产品。开展西藏高原蔬菜产业基地建设，对切实增加农牧民收入，努力打造高原特色农业，促进农业和农牧区经济更好、更快发展，推进加快产业结构调整、转变发展方式，实现西藏经济社会高质量发展和长治久安具有十分重要的现实意义。

一、蔬菜产业发展现状

西藏野生蔬菜资源丰富，其“鲜、绿、天然、营养、美味”的特征备受消费者青睐。近年来，在农牧、工商、食药监等部门的大力推动下，西藏蔬菜产业发展形势良好，农药残留检测合格率在98%左右，特别是茎菜类合格率达到100%，保障了当地居民食用蔬菜食品的安全性。截至2020

年底，西藏通过“三品一标”的蔬菜品种有113个产品，其中无公害蔬菜产品80个、绿色食品13个、有机食品10个、地理标志产品10个。

据《西藏统计年鉴（2021年）》显示，2020年西藏蔬菜种植面积36.01万亩，蔬菜总产量72.57万吨。其中拉萨市蔬菜产量25.67万吨，占西藏蔬菜总产量的35.37%；日喀则市蔬菜产量34.68万吨，占西藏蔬菜总产量的47.79%；昌都市蔬菜产量5.17万吨，占西藏蔬菜总产量的7.12%；林芝市蔬菜产量1.52万吨，占西藏蔬菜总产量的2.09%；山南市蔬菜产量4.93万吨，占西藏蔬菜总产量的6.8%；那曲市蔬菜产量0.24万吨，占西藏蔬菜总产量的0.32%；阿里地区蔬菜产量0.36万吨，占西藏蔬菜总产量的0.5%。西藏蔬菜种植面积及产量具体分布情况详见表4–4。

据调查，2020年西藏蔬菜种植面积39.26万亩，其中设施蔬菜5.47万亩，产量达97万吨。蔬菜年内供需极不平衡，蔬菜市场价格相对差异较大，蔬菜生产旺季（5月–9月）市场自给份额80%左右，但不同种类的价格差异较大，而淡季（10月–翌年4月）产品市场缺口约40%~50%，蔬菜价格相对昂贵。价格的悬殊正是由于蔬菜生产供应不足所致，从另一个侧面反映了西藏蔬菜市场有很大的缺口。在产品结构中，供需矛盾突出，特别是高品质的一些蔬菜缺口更大。为此，通过西藏高原蔬菜产业基地建设，扩大蔬菜种植面积、提高蔬菜产量和质量。

表4–4　2017–2020年西藏各地市蔬菜生产情况

单位：万亩、万吨

序号	产区	2017年		2018年		2019年		2020年		备注
		面积	产量	面积	产量	面积	产量	面积	产量	
1	拉萨市	6.63	25.81	6.72	26.17	6.62	26.4	7.2	25.67	
2	日喀则市	16.97	32.96	16.59	33.52	17.09	34.97	17.01	34.68	
3	昌都市	5.21	5.58	5.45	5.78	5.28	5.85	4.77	5.17	
4	林芝市	2.66	3.23	2.52	3.17	2.61	3.7	2.25	1.52	

5	山南市	2.27	1.63	2.16	1.56	2.07	1.45	3.35	4.93	
6	那曲市	0.71	0.17	0.84	0.2	0.98	0.26	1.08	0.24	
7	阿里地区	0.24	0.25	0.26	0.29	0.27	0.3	0.35	0.36	
合计		34.67	69.63	34.53	70.69	34.91	72.93	36.01	72.57	

二、蔬菜产业发展存在的问题

西藏气候条件较差，加上经济相对落后、科技力量薄弱等原因，西藏蔬菜产业发展起步较晚，冬季蔬菜贮藏率低，且容易出现腐烂情况，严重影响了冬春蔬菜的生产和供应。受西藏气候条件、交通不便利等客观因素的影响，使得蔬菜业市场供应不稳定，蔬菜价格波动较大，但更主要的原因是当地种植人员经济条件较差，种植技术水平有限，缺乏贮藏基本知识，对贮藏种类和贮藏地选择不合理，亟待培植龙头企业，实现生产集体化、规模化和销售市场化，推动蔬菜业产供销一体化发展。蔬菜产业规模化发展速度缓慢，生产经营水平不高，生产效益很不稳定。单家独户分散型生产，品种杂乱，随意性大，专业生产能力低，生产效益低。蔬菜产品多样性、供给均衡性与市场需求差距大，旺季出现蔬菜结构性过剩，产后储藏、保鲜、商品化处理技术滞后，龙头企业少，加工和输出能力低，市场竞争力不强，蔬菜附加值难以提升，带动产业发展的后劲不足。农业技术推广存在推广体系不健全、运行机制不灵活、难以适应市场经济等问题，对西藏蔬菜产业的发展有很大的影响（李诚等，2020）。

三、蔬菜产业发展对策建议

（一）加大宣传力度，改变传统观念

蔬菜产业发展应该通过各种渠道广泛宣传，普及绿色知识，使农业生

产者、经营者、农产品消费者树立绿色观念。牢固树立食品安全意识和市场竞争意识，树立生态环境保护和可持续发展战略意识。可以把目光对准区外市场，利用青藏铁路的便利交通大力发展西藏绿色有机食品蔬菜产业，发展壮大西藏蔬菜产业（马秀英，2008）。

（二）稳定扩大蔬菜生产面积

加强城镇郊区现有菜田保护和现有设施管护，提高现有蔬菜大棚利用率，继续支持主要城镇郊区和蔬菜优势产区、高效日光温室和集约化蔬菜生产基地建设。扶持发展蔬菜生产专业合作组织，加快蔬菜生产基地建设，统筹土地资源，充分利用荒滩荒坡，开发应用无土栽培等先进技术，大力发展设施蔬菜，逐步扩大蔬菜种植面积，持续提升蔬菜供应保障能力。

（三）大力推广绿色蔬菜生产模式

重点围绕绿色蔬菜高产增效集成技术应用推广，开展安全生态栽培技术筛选，推广新型温室建造、基质无土栽培、集约化育苗、水肥精准管理、病虫害绿色防控，园艺作物机械化整地、滴喷灌技术推广、杀虫灯及色板诱杀技术、新型农地膜材料应用筛选、保温材料应用等，完成集成组装可复制推广高产增效栽培模式。

（四）努力提升蔬菜质量效益

坚持质量第一、效益优先，加强基础设施建设，加快品种改良，推进标准化、机械化、产业化，培育知名品牌，实现增产增效、节本增效、提质增效、增值增效。加大新优品种选育、高产栽培和管理技术、标准化生产技术培训，推广节水环保和绿色防控无公害生产，建立系统完整的从田间到餐桌产品追溯体系，确保蔬菜产品质量安全。

（五）充分挖掘蔬菜基地优势

拉萨市曲水县、达孜区，日喀则市白朗县，山南市扎囊县 4 个县（区）的优质蔬菜生产建设基地，应充分发挥区位优势和资源优势，准确定位产业导向，大力发展蔬菜产业。

（六）打造高原蔬菜品牌

按照标准化、高效益的要求，大力发展无公害、绿色蔬菜，不断发展有机蔬菜生产，打造高原蔬菜品牌，满足市场多层次的需求。建立符合西藏地区特色的设施蔬菜品牌，推行规模化生产模式，将品牌的示范带动效应更好地发挥出来（程芳，2021）。

（七）提高蔬菜种植的科学性

西藏蔬菜单位面积产量远低于区外蔬菜种植发达省份。具体原因是区外蔬菜种植发达省份蔬菜具有高产特性，且进行了科学种植和科学管理。因此，西藏种植蔬菜要达到产量高、产值大、收入多，必须严格按照农业科学技术进行整理、播种、施肥、浇水等。种植每一个蔬菜品种，首先要摸清品种的特性，然后再根据产量的高低，算出需要施肥、浇水的多少来进行科学管理，使种植蔬菜有的放矢。

（八）实现蔬菜产销一体化

充分依托网络信息，推广名优蔬菜品种，提高蔬菜销售率。依靠网络及时了解区内外市场行情，有针对性地进行生产。建立传递快捷的信息服务设施，及时提供生产、市场、供货信息。建立蔬菜销售产销形势网上专家预测预报制度，为制定指导性计划提供科学依据，及时向生产、加工、流通等各个环节提供科技信息。

（九）全面提高菜农的科技素质

各级农业部门要加大培训力度，重点普及推广先进实用技术，形成科技综合优势，发挥综合效益，提升蔬菜产业科技支撑能力，全面提高社会化服务功能和菜农科技素质。建全市、县、乡三级技术推广网络，形成完善的技术推广体系。

（十）加大资金投入和政策支持力度

蔬菜产业在西藏种植业中占有的比重较小，但单位面积的经济效益是大田的5~10倍，在带动农民增收和推动高原生物产业发展方面是农业生产的领头军。因此，要保持西藏蔬菜产业健康快速发展，资金投入是关键，要疏通投入渠道，制定相应的融资优惠政策，增加对配套装备、公益性的技术培训、技术考察、技术指导、新品种的引进示范、信息服务和基础设施建设方面的财政投入；对于蔬菜加工增值、净菜上市、冷藏保鲜等领域，要积极配合有关部门在贷款、税收、贴息等方面研究制定优惠政策，扶持西藏蔬菜产业高质量发展。

（十一）加强蔬菜保险和灾害保障体系建设

借鉴国内外在农业保险领域的成功经验，建立和完善西藏农业保险体系，增加蔬菜生产和销售险种，实现西藏蔬菜的稳定和可持续发展，使投保菜农成为农业保险的直接受益者，以少量的保险支出获得比较稳定的生产收入。

第五章　西藏养殖业发展对策研究

畜牧业是西藏安民、富民的基础产业。根据农牧业“七区七带”产业发展布局，牦牛、藏猪、藏羊产业是西藏高原生物产业发展的重点导向，也是西藏高原生物产业发展的支柱产业。本研究在详细梳理这三种产业发展现状的基础上，分析其当前主要存在的问题，并针对制约产业发展的各种因素，提出对策建议。

第一节　牦牛产业

随着市场经济的不断发展，加大畜牧业产业结构调整，发展质量效益型畜牧业已成为必然。西藏牦牛养殖由于生产性基础设施和服务体系建设相对滞后，养殖较为分散，规模养殖效益不显著。依靠先进技术，大力发展牦牛产业，充分发挥各县（区）资源优势和区域比较优势，以市场为导向，不断提高牦牛产品质量和经济效益，逐步实现牦牛规模化、标准化、集约化养殖，示范带动各县（区）牦牛养殖、牧草种植业、屠宰加工、饲料加工等相关产业的发展，从而有效促进农牧业供给侧结构性改革。

一、牦牛产业发展现状

西藏牦牛资源丰富，主要分布在那曲、昌都、山南、阿里、日喀则等地。西藏牦牛种类有娘亚牦牛、嘉黎牦牛、帕里牦牛、斯布牦牛、那曲牦牛、类乌齐牦牛、澎波牦牛、隆子牦牛、工布江达牦牛等地方类群。其中娘亚牦牛、帕里牦牛、斯布牦牛入选中国畜禽遗传资源保护名录。根据牦牛品种或类群的遗传多样性和亲缘关系，西藏 11 个牦牛类群可分为三大类，即嘉黎牦牛、帕里牦牛、桑桑牦牛、巴青牦牛、类乌齐牦牛、康布牦牛为一类；斯布牦牛、工布江达牦牛、桑日额牛、江达牦牛为一类；丁青牦牛单独为一类。

近年来，西藏自治区党委、政府高度重视牦牛产业发展工作，组织专家学者对西藏牦牛品种资源、染色体、遗传多态性、饲养技术、短期育肥等技术进行研究。其中对于牦牛短期育肥的研究，先后在拉萨、那曲等地市对当雄牦牛、帕里牦牛、斯布牦牛等西藏地方特有牦牛品种进行短期育肥实验研究，并取得了喜人成绩，打破了西藏传统粗放的饲养管理方式。

据西藏自治区农业农村厅统计，2020 年西藏肉牛存栏量 525.16 万头，出栏量 137.52 万头，出栏率 26.2%；近年来，自治区党委政府把牦牛产业作为西藏的主导产业，提出了牦牛增肥增效计划，在牦牛良种选育扩繁基地、标准化养殖基地、短期育肥基地、饲草料供给基地、产品加工基地建设等方面给予了全方位的政策扶持和资金支持，牦牛业产值在畜牧业产值中的比例超过 50% 以上。2019 年西藏牦牛肉类总产量 21.15 万吨，占肉类总产量的 75.3% 左右。

截至 2020 年底，西藏引进和培育牦牛深加工企业 10 余家，其中上规模的牦牛加工企业有西藏农牧产业投资集团有限公司、那曲市羌塘牧业发展有限公司、西藏高原之宝牦牛乳业有限公司、西藏奇胜食品有限公司、西藏高原蓝农产品加工有限公司、昌都市藏家牦牛股份有限公司等。建设了牦牛全自动屠宰分割生产线，引进规范化精细增值分割技术、冰点保鲜技术、贴体包装技术及冷链物流技术等，牦牛产品附加值不断提高，带动农牧民增收效果较为明显。

二、牦牛产业发展存在的问题

（一）牛群结构不合理，经济效益低下

西藏牦牛养殖存在“三多三少”现象，即老牛多、小牛少；公牛多、母牛少；白吃的牛多、出栏的牛少。“老牛多、小牛少”是指3岁内牦牛占29.4%，3岁以上的牦牛占61.9%，其中8岁以上的老牛占28.9%。3岁内小牛生长速度快，肉品质好，适合做特色或功能型牛肉产品，而老牛不仅繁殖低，而且肉质低劣，饲养效益差。“公牛多、母牛少”是指公牛和母牛占牛群的比例分别为38%和62%；另外牛群中存在大量无用公牛，由于不参与经济产出而造成饲料资源的无端浪费。“白吃的牛多、出栏的牛少”是指盲目追求牦牛存栏量，而忽视牦牛出栏率。牦牛种群结构比例失调，不仅使牛群整体经济效益低下，而且还浪费大量饲料资源。

（二）牦牛生产模式单一，经营方式粗放

牦牛生产方式以家庭分散经营为主，集约化程度低，饲草料利用率低下，缺乏畜用暖棚、青贮窖等基础设施。饲养管理落后，牦牛产区仍沿袭着传统的靠天养畜习惯，而受高原高寒、干旱等气候条件限制，牧草生长期很短，牦牛只有5个月左右可食青绿牧草，饲草料严重短缺，使牦牛长期处于“夏饱、秋肥、冬瘦、春死”的恶性循环，其在春季的日增重只有3g，在枯草期体重却减少141g，严重阻碍了牦牛产业化发展。同时经营方式粗放，不注重公畜选择与交换，致使牦牛出现体格变小、体重下降、抗病能力弱和野性不足等“退化”症状。

（三）农牧民思想观念落后，市场意识淡薄

受宗教“忌杀生灵”的影响，农牧民“惜杀惜售”心理严重，认为牦牛是财富的象征，对已经达到成年体重的牦牛不及时出栏，对非生产及老弱病的牦牛不及时淘汰，任其自生自灭，使得牛群数量不加选择地盲目扩大，畜群整体效率低。同时由于受到传统习惯的影响，农牧民市场意识淡薄。

牦牛产业以封闭的自给自足的个体经济为主，饲养牦牛主要是为了满足自己家庭的需要，牦牛产品只是用来交换必不可少的日常生活用品，牦牛制品大部分是自食自用，向市场出售的很少，且都是未经加工的初级产品。

（四）草地退化严重，生态环境保护任重道远

受过度放牧、过度开垦、草地逐年干旱等因素影响，西藏现有草原退化（含沙化、盐渍化）面积 35333.12 万亩，占西藏草原总面积的 26.71%。其中轻度退化面积 22245.26 万亩，占总退化面积的 62.96%；中度退化面积 10159.36 万亩，占 28.75%；重度退化面积 2928.50 万亩，占 8.29%。那曲地区草地退化面积最大，为 15147.93 万亩，占西藏退化草地面积的 42.87%；日喀则草地退化面积为 8365.38 万亩，占 23.68%；阿里草地退化面积为 7860.24 万亩，占 22.25%；其他四地市均有草原退化现象，退化总面积为 3959.57 万亩，占 11.20%。从数据上来看，西藏草地退化现象较为严重。优良牧草品种逐渐匮乏；田间管理技术低下；牧草加工未得到相应的重视；个别牧区出现超载现象（闫紫阳，2021）。

三、牦牛产业发展对策建议

按照高质量发展和全产业链思路，从农牧结合、生态养殖、现代种业、屠宰加工等环节构建现代畜牧业产业体系、生产体系和经营体系，促进各类生产要素向宜养区、优势区集聚，形成具有较强市场竞争力的特色优势畜产品产业区、特色畜牧业强县、强镇、产业专业村。

（一）优化生产布局

在那曲、昌都、拉萨、日喀则、山南、阿里建设牦牛规模养殖主产区。高海拔地区原则上不再新建牦牛育肥场。将城关区、达孜区、白朗县、隆子县、贡嘎县森布日高海拔搬迁安置点、巴宜区打造成为奶牛养殖主产区。积极发展昌都市奶牛养殖。

（二）健全育繁推体系

坚持将种业与生产、引进与选育、本交与人工授精相结合，加快推进育繁推体系建设，打造一批自治区级牛种业基地。改善亚东县帕里牦牛、类乌齐县类乌齐牦牛、嘉黎县娘亚牦牛、墨竹工卡县斯布牦牛原种场和林周县牦牛良种场设施装备条件，提升制种和扩繁能力。新建丁青县、色尼区、班戈县牦牛选育场。推进改则县优质野血牦牛繁育科技扶贫产业建设项目，打造为优种野血牦牛繁育基地、牦牛提纯复壮扩繁基地、优质高品位牦牛肉供应基地、优良牦牛种源提供基地、邦草返农试种繁育基地。加快牦牛本品种选育和良种繁育，增强牦牛良种供应能力。改扩建果扎种畜场，增加九龙牦牛种群数量，改良提升本地牦牛生产性能。改扩建当雄冻精站。依托色尼区国家级现代农业产业园建设牦牛育繁推一体化示范基地。奶牛主推娟姗、荷斯坦等优良品种，加快实施黄牛改良，改善配种站点冻精储存和质量检测、液氮生产等硬件设施条件。支持使用奶牛性控冻精，增加高产奶牛群体数量。将林芝市奶牛良种繁育中心（原种畜场）打造为西藏优质娟姗牛良种扩繁推广示范基地。

（三）提升饲草料供给保障水平

高寒牧区要在严格落实草畜平衡制度、禁牧休牧划区轮牧制度、加强草原保护的基础上，增加天然草原产草量，采取放养与补饲相结合的模式，充分利用天然草原发展绿色生态草原畜牧业。半农半牧区和农耕区要以人工种草为重点，充分利用农作物秸秆等资源，大力发展农耕区畜牧业。以箭筈豌豆、芫根、青饲玉米、燕麦、小黑麦、披碱草等饲草品种为主，实施高产优质苜蓿示范建设项目，建设人工种草基地。在土地、水肥等条件适宜的地区，开展高产优质设施种草试点。引导群众以房前屋后、冬圈夏草、林草间作等方式，扩大饲草种植面积。对已有人工草地完善配套设施，改善灌溉条件，加强技术指导和田间管理。大力推动牦牛专用饲料研发生产，推行奶牛全混合日粮饲喂，推广适时刈割、青干草优质调制、微生物发酵等饲草料加工技术，加快推进秸秆饲料化利用研发，提高饲料转化率。加快发展与养殖规模、饲养标准相适应的饲料工业，推动国有企业积极投身饲料工业，充分发挥国有企业引领带动作用，支持民营企业发展，增强牛产业饲料供应保障能力。

（四）开展标准化规模养殖

积极培育和引进养殖企业，引导农牧民大力发展农牧民专业合作社、家庭牧场，加快牛群周转，缩短养殖周期。优化畜群结构，及时淘汰老弱残畜，逐步提高能繁母牛比重。继续实施“牧繁农育”行动，引导群众就地就近开展牦牛育肥。推广那曲市暖季育肥出栏和类乌齐县“一场多点”育肥模式，加快牦牛出栏。总结推广班戈县、改则县牧区改革经验，推行牦牛合作社养殖经营模式，提高牦牛养殖组织化水平。以昌都市洛隆县、日喀则市定日县、山南市加查县、林芝市波密县犏牛养殖区为重点，扩大与安格斯牛杂交试点范围，支持雅江雪牛产业发展。引导发展“企业+基地+养殖户”“企业+合作社+基地+养殖户”等奶牛生产经营模式，建立健全利益联结机制，建设功能齐备、管理智能化、规范化的现代化奶牛养殖基地。支持拉萨市“万户百场十中心”奶业工程建设。继续实施“牧繁农育”行动，积极推行“企业+合作社+农户”运行模式，提高出栏率，将资源优势向产业优势转变（孙锋博，2021）。

（五）发展肉奶精深加工

按照高原生物产业一区两园规划布局，重点在山南森布日引进牛肉、皮革、毛纺等畜产品加工企业；在拉萨智昭产业园区重点发展乳制品加工业。同时，在日喀则和昌都经开区结合当地资源禀赋和产业基础发展牛产品加工业。加大对牛产品精深加工企业科技创新、技术改造支持力度，调整产品结构，加快推进牛肉休闲食品、熟食品和乳制品精深加工，提升产品质量和档次，增强市场竞争力。充分利用皮、毛、绒、骨等副产品，大力发展皮革、毛纺加工业，重点推动皮革厂、毛纺厂项目建设，延伸产业链条，提升综合利用效益，增加产品附加值。打造一批具有国内市场影响力、竞争力的本土牛产业龙头企业。

（六）严控牛舍建设成本

按照规模控制、经济实用、保温抗寒的要求，针对不同区域气候条件、生产方式的差异，制定不同的牛舍建设标准。牧区主要以天然草原放牧为主，补饲为辅，牛舍功能重点考虑保温抗寒，应就地取材，以土木结构为主，严格控制成本；农耕区或半农半牧区以集中饲养为主，充分考虑防疫、粪污资源化利用等要求，牛舍宜采取土墙加钢架结构。

（七）健全冷链物流体系

依托优势产区建设产地批发市场，加强仓储保鲜冷链物流设施建设。提升拉萨、那曲、昌都冷链物流设施能力，新建桑珠孜区、卡若区、森布日仓储冷链物流设施，促进牦牛常年错峰出栏、牛肉四季均衡上市。坚持“农有、农用、农享”原则，支持家庭牧场、农民合作社建设冷藏保鲜、仓储运输、初加工等设施建设，从源头解决牛肉出村进城“最初一公里”问题。

（八）培育优势品牌

健全牛产业生产及加工质量标准体系，加快推进牛产业“三品一标”认定和追溯体系建设，强化标准化生产和产品质量监管，形成一批绿色、优质、安全的牛产业集群。引导有标准可依、有追溯可查、有认证保证、有品质包装的产品品牌和企业品牌入驻地球第三极优选平台，积极打造“地球第三极品牌＋牦牛产业子品牌”。设立品牌推介项目，加强宣传推介，提升品牌影响力。

（九）加强养殖废弃物资源化利用

综合考虑土地、水等环境承载能力，科学规划牛产业布局，养牛场选址应避开饮用水水源保护区等禁止养殖区域。大力发展生态养殖，推动建设资源节约、环境友好的新型牛产业。采取“一场一策”的办法，督促规模养牛场履行好粪污资源化利用主体责任，配备与养殖规模相匹配的粪污处理设施设备并确保正常运行。按照“源头减量、过程控制、末端利用”的思路，推广普及粪污资源化利用技术模式，通过燃料化、肥料化等途径，支持粪污就地就近综合利用。

（十）抓好疫病防控

加强封闭养牛场的生物安全设施建设，实现物理隔离、人流物流分开、消毒设施齐备。加强追溯管理，推行养殖、防疫、保险“三标合一”，实现牛“身份”管理，提升产品核心竞争力。推行“养殖档案＋视频监控”的产地检疫模式，降低人员进入养殖场区或牲畜移动传播疫病的几率。科学制定免疫计划，进行口蹄疫强制免疫、牛多杀性巴氏杆菌病、牛病毒性腹泻等常见病免疫和监测工作，确保种群抗体合格率，降低传染病发生几率。严格执行病死畜无害化处理规定。

（十一）完善金融保险政策

银行业金融机构要结合牛产业特点，在风险可控的前提下，加大信贷支持力度，创新“牦牛贷”“奶牛贷”等特色信贷产品，合理设置贷款期限，使其与牛产业生产周期相匹配。规模养殖场符合扶贫贷款贴息政策的可申请扶贫贷款贴息资金，其余可申请农业产业贷款贴息资金。落实县域银行业金融机构服务“三农”激励约束机制，加大信贷投放，优先满足规模养牛场建设资金金融投入三分之一的需求。组建自治区农牧业信贷担保公司。探索开展土地、草场承包经营权、林权、养殖圈舍、大型养殖机械依法合规抵押融资模式。按照扩面增品提标的要求，继续落实完善政策性农业保险，开展犊牛、圈舍商业保险。督促保险机构及时足额理赔。鼓励各地市探索开展牛肉、牛奶产品保险、完全成本保险和收入保险。

第二节　藏猪产业

伴随着西藏经济社会的快速发展，藏猪肉不仅成为了消费者日常消费的必然选择，而且鉴于其特殊品质，藏猪产业被国家有关部门列为重点关注产业。藏猪产业是西藏五大农牧业特色产业之一。为加快藏猪产业发展，西藏以区域、产业、资源、发展四个视角，进行了以多区多带为主要着眼点的宏观布局，对藏猪产业优势发展区域进行了重点培育，形成了包括藏猪产业在内的“七区七带”区域布局、多元化发展的齐头并进模式，并通过延伸产业链，有效提升了产业化水平。

一、藏猪产业发展现状

藏猪是世界上少有的高原性猪种，具有高原适应性、抗病性等特点。藏猪主产区位于西藏，但云南西北部、四川西部、甘肃东南部等区域也有类群分布。近年来，西藏藏猪养殖产业发展迅速。2020 年，西藏藏猪养殖规模达到 31 万头，能繁母猪达到 9 万头，年出栏猪 12 万头。藏猪产业经过多年的科研攻关和产业布局，尤其是采取“产 + 学 + 研”发展道路，生产效率有较为明显的提升。由于藏猪养殖采取混合养殖方式，使养殖周期由传统的 24 个月减少到 12 个月，不仅提高了养殖效率，也有效实现了产业绿色发展。另外，随着西藏对藏猪产业投资的不断加大，不仅改善了基础设施、实现了养殖设施设备的更新换代，而且催生了各类专业合作组织的兴起，促进了多元化模式的发展。

（一）夯实扩繁基础，品系培育成效斐然

为了充分提高藏猪的生产性能，2006 年，西藏自治区科技厅在西藏农牧学院牧场扶持建设了藏猪新品系选育试验，制定了育种目标、选育计划和选择参数，系统测定个体生长速度、背膘厚、达 25kg 日龄、产仔数、屠宰产肉和肉质等生产性能，以及记录个体间亲缘关系。采用分子标记辅助选择、多基因聚合与最佳线性无偏预测相结合技术，对纯种藏猪进行了连续多世代的选育，成功选育出了藏猪快生长和高繁殖品系两个新品系。藏

猪快生长品系达25kg日龄为208.4d，缩短了65.9d；全期日增重达116.6g/d，提高了28.0g/d；经产母猪总产仔数和活仔数为6.13头和5.87头，分别提高了0.77头和0.92头。藏猪高繁殖品系经产母猪产仔数和活仔数为8.01头和7.19头，分别提高了1.40头和0.90头；达25kg日龄为218.4d，日增重为111.3克/d。藏猪两个新品系的屠宰率（>70%）、瘦肉率（>52%）和腿臀率（>39%）均较高，肉色鲜红，肌内脂肪含量高（>4%），不饱和脂肪含量高，氨基酸比例合理，营养丰富，符合优质猪肉的要求。藏猪新品系选育达到育种目标，效果明显，于2016年通过了国家畜禽资源委员会专家的认定。针对区内外猪肉市场的需求，通过生长、屠宰、肉质等指标测定，筛选建立了纯种藏猪配套系和杂优藏猪配套系，转录组测序、miRNA测序和蛋白质组等高通量技术，鉴定了藏猪优异特性的分子遗传机制，筛选了影响藏猪抗逆和肉质优良相关的基因和调控元件，鉴定了eNOS、VEGFA、PPARGC1A、GHSR、ECI1、NR1H3和FRZB等基因的功能及调控机制，挖掘了功能性分子标记，为藏猪MAS提供了依据。本项目系统集成了藏猪营养需求、饲料搭配、养殖模式、疫病防控、环境监测等技术，形成一套藏猪高效养殖技术体系，提高了藏猪饲养管理水平。按照筛选的藏猪配套系建立包括祖代、父母代和商品代的繁育体系，为藏猪生产基地提供猪苗，解决藏猪产业化发展中统一、快速商品种苗供应的瓶颈问题，促进藏猪产业化科学合理发展。在西藏工布江达县藏猪遗传资源保护区建立藏猪高效饲养示范基地两个，规模达到1.3万头。辐射带动示范基地周边8.6万头藏猪高效养殖规模。项目实施期间分别向西藏林芝市工布江达县巴河镇、错高乡、朱拉乡推广快生长和高繁殖品系的良种藏猪2125头，其中种公猪805头，种母猪1320头；向西藏林芝市雏鹰农牧集团（西藏）有限公司推广良种藏猪90头，其中种公猪10头，种母猪80头。针对当前严重危害藏猪的猪瘟、猪喘气病等重要传染病和寄生虫病等开展研究，将病原分离技术和现代分子生物学技术相结合，研发针对性的疫苗，建立藏猪重要疫病防控体系，为藏猪的规模化养殖提供保障。

利用西藏工布江达县国家级保种基地的藏猪群，自 2006 年开始组建品种选育基础群，按照快速生长性能和高繁殖力两个方向进行选育。制定了两个藏猪新品系的育种目标、选育方案、选择指标和综合指数模型。藏猪快生长新品系主要选育指标为达 25kg 日龄和活体背膘厚，采用 BLUP 和 MAS 相结合的育种技术，充分利用藏猪个体和父母、同胞等表型信息计算父系指数，结合 Hal、MC4R、IGF-1、GHSR、FRZB 等基因分子标记信息对藏猪育种值作出准确判断，科学选择和选配，提高藏猪生长速度和胴体瘦肉率。经过 5 个世代选择，藏猪新品系选育进展明显，于 2016 年通过了国家畜禽资源委员会专家的认定。

（二）加强屠宰加工环节监管，夯实藏猪产业加工基础

食品安全是重大的民生问题。1978 年以来，藏猪产业的各类经营者群体数量逐年增加，但由于部分经营者注重短期利益，藏猪产业流通环节各种各样负面问题层出不穷，诸如屠宰不达标，卫生不达标，“瘦肉精”“病死猪肉”“注水肉”等也时而出现。消费者的利益是第一位，为了能吃上放心的猪肉，为了加强食品安全，让老百姓吃的更放心。西藏加强了生猪定点屠宰行业管理，开始大力整顿宰割行业，强化了监察部门的职责。根据 2016 年颁布的《食品安全法》《生猪屠宰管理条例》等法规，着重于“高效、统一、规范、安全”的方式。从“养殖基地 + 屠宰企业 + 商超销售”产销对接模式着手，推进地方品种猪屠宰企业标准化，更好保障了西藏藏猪产品消费的安全性。

（三）新型经营主体得到发展，品牌建设初见成效

在西藏，藏猪主要分布在拉萨市、山南市、林芝市、昌都市和那曲市，以林芝市养殖规模最大。近年来，随着藏猪产业化经营企业、农牧民藏猪养殖专业合作社、养殖大户、家庭农牧场等新型农牧业经营主体的加快发展，藏猪产业已经成为农牧民增收和农牧业经济增长的重要载体。

为促进藏猪产业发展，西藏积极引进和培育藏猪养殖龙头企业、合作社和养殖大户等市场主体，与西藏农牧学院、龙头企业合作，积极探索藏猪产业的改革发展实验工作，促进产业的提质增效，在藏猪养殖中采取“放养 + 舍饲”的方式，提高养殖效率，减轻环境压力，并通过改善基础设施，应用现代化设施设备的方式，加快标准化规模化养殖发展步伐。藏猪产业快速发展的同时催生了各类专业合作组织，通过“公司 + 合作社 + 基地 + 养殖户”的模式，进一步提升了藏猪产业化发展水平。

据统计，2020 年西藏藏猪的能繁母猪达到了 9 万头，推广了优质商品猪 40 万头；藏猪养殖规模达到 70 万头，藏猪肉产量占西藏猪肉总产量的 32%。西藏共引进和培育藏猪经营龙头企业 7 家，其中规模养殖企业 4 家，加工型龙头企业 3 家；规模化养殖专业合作社 55 家；50 头规模以上藏猪养殖大户 276 户，200 头规模以上养殖大户 11 户，在扩大规模和品牌创建上取得显著成效。在品牌创建上，工布江达县“工布江达藏猪”获国家工商局地理标识商标认证和农业农村部农产品地理标识商标认证。雏鹰农牧集团东元食品有限公司已注册“东元”商标，西藏农牧学院注册了“黑珍珠”商标，开发了藏猪火腿、风干藏猪肉、香辣藏猪肉酱、白条分割肉等系列产品。

（四）藏猪肉产品开发及消费需求呈多样化态势

截至 2020 年底，西藏藏猪肉主要产品有生鲜肉、风干肉、火腿、猪肉干、猪肉火腿等。藏猪肉被加工成火腿的形式，保存时间长，食用口感较好，而且肉制品能够保留住猪肉的鲜美口感，能够品尝到西藏藏猪肉最原始的味道。在猪肉消费市场里，65% 以上是风味火腿肠和冷鲜肉，小包装分割肉的消费量也占比高达 30%。随着我国经济的高质量发展，人们的消费观念不断转变，消费水平不断提升，绿色、生态、无污染健康食品备受广大消费者的青睐。在猪肉的选择上，西藏农牧民更加喜爱藏猪肉的口感。但是藏猪肉的价格比生猪肉的价格高出很多，消费藏猪肉的“主力军”主要集中在70后和80后，他们更注重生活品质的高质量化，在食用猪肉方面追求绿色、生态、高品质、品牌化。

（五）学科研究得到突破，科技水平大幅提升

近年来，西藏科技工作者在藏猪繁育、生产、饲养和产品研发等方面取得了研究成果。“十三五”期间，西藏聚焦藏猪配套系杂交研究、藏猪高原适应性生理和分子遗传机制研究、藏猪肉质优异性状的分子遗传机制研究、藏猪人工授精技术、藏猪营养与饲料研究、藏猪猪场疫病防控、藏猪养殖技术集成、藏猪养殖技术示范与推广等技术环节开展相关研究，完成了藏猪保种、品系选育、配套系利用、高原低氧适应性状、肉质风味功能基因发掘、多基因聚合育种、抗病基因挖掘、疫病防控体系等技术。尤其是西藏农牧学院藏猪研究课题组通过对藏猪群体5个世代的选育，组建了藏猪新品系（快生长品系和高繁殖品系），其中藏猪快生长品系在原有基础上出栏时间已提前至9个月；藏猪高繁殖品系经产母猪产仔数在原有基础上产仔数提升了1.34头，收到了良好的选育效果。西藏农科院、西藏农牧学院、西藏畜牧总站和各级农牧科技推广服务部门作为藏猪产业体系技术支撑单位，制定了藏猪国家标准（GB/T32763-2016，2017年1月1日实施）。

二、藏猪产业发展存在的问题

在西藏，虽然藏猪产业发展具有得天独厚的优势，产业发展态势良好，但制约西藏藏猪产业发展的主要瓶颈依然突出，对西藏构建产、加、销全产业链的藏猪产业高质量发展影响巨大。

（一）藏猪养殖规模小，产业链条短且不连贯

在养殖规模上，以农户散养为主，少量企业和专业合作社实现规模化饲养，但普遍小而散，没有形成规模效应，林芝市只有雏鹰农牧集团西藏分公司达到万头以上。在加工环节上，以林芝市为例，2020年全市藏猪肉

加工量只有170.4吨，加工率仅为5%，产品附加值不高，产业链条短。在产品研发上，开发的“藏猪”系列产品少，没有形成拳头产品。因为没有拳头产品，经济效益不够明显，农户缩小养殖规模，原料市场供应不足，诸多因素还导致产业链条存在不连贯、断链现象。

（二）藏猪产业科技支撑能力弱，体系不健全

藏猪产业的社会化服务支撑体系能力不足，藏猪养殖业还没有将人工授精、标准化舍饲圈养、电子耳标信息管理、物联网等现代管理技术运用到藏猪产业发展当中，阻碍了藏猪产业的快速发展。

（三）实力经营主体少，产业融合度不高

藏猪产业发展中，有实力的新型经营主体少，带动能力不强，部分合作社不具备自我发展能力，产业层次不高，农民们“赚不多”的问题突出。三产融合度不高，融合层次不宽泛，绝大部分经营主体仍处在最低端产业链上，只能提供初级农产品，藏猪产业效益发挥不明显。

（四）防疫体系不健全，迟滞了标准化养殖进程

动物疫病防控体系不健全，生物安全措施不到位，基层动物防疫队伍薄弱，专业合作社、家庭农场等主体养殖场生物安全意识差，技术落后，发生疫情风险大。藏猪养殖扩繁场防疫设施达不到扩繁场的要求，饲养方式仍以传统散养为主，存在较为严重的藏猪疫病风险（杨涛等，2018）。

（五）生态环境保护任务重，产业发展面临巨大挑战

“绿水青山就是金山银山”。西藏藏猪属于放养型猪种，对环境还是有一定程度的破坏，在藏猪的饲养过程中，放养可以满足它肉质的紧实和可口，但是藏猪鼻子的特殊性（尖、长），寻找食物时长期拱动土地，会造成森林的破坏。因此，藏猪产业发展对生态环境造成的不良影响将成为亟待解决的难题。

（六）市场竞争日益激烈，产业发展面临潜在威胁

藏猪产业是高原生物产业的重要组成部分，随着人们消费观念的不断

转变，西藏藏猪系列产品也得到了消费者的认可。但是，随着国内生猪产业的规模化、产业化、集约化发展，造成西藏生猪肉价格不断下降，藏猪产品作为高端猪肉消费品，显然不具有价格优势，在日益竞争激烈的市场环境下，产业发展面临潜在威胁。

三、藏猪产业发展对策建议

坚持“市场导向、发挥比较优势”原则，统筹考虑各地（市）资源禀赋和环境承载能力，按照“优势区域、优势资源、优势产业、优先发展”要求，进一步调整藏猪产业结构，加快形成与市场需求基本匹配、与环境保护相协调、与不同区域优势互补的产业格局。打造“一核两优两提”藏猪产业发展布局，即，以林芝市工布江达、巴宜、米林、波密、察隅，日喀则为核心区；以昌都市卡若、左贡、芒康和那曲市嘉黎为优势区；以山南市琼结、隆子、桑日、错那、贡嘎为提升区。整合资源，打造林芝巴宜、芒康藏猪产业园，积极推进林芝巴宜、工布江达、米林，昌都市卡若藏猪产业集群建设，打造米林县扎西绕登乡、巴宜区百巴镇、卡若区沙贡乡产业强镇。

（一）因地制宜找准藏猪产业发展定位

1. 藏猪产业品种定位。优良品种是提高藏猪产业经济效益的基础，也是农牧民收入增加的保障，更是藏猪产业持续稳定发展的保证。农牧民对于藏猪的保种和选育意识淡泊，纯粹靠自然放养，劣等猪种没有得到及时淘汰，严重影响了藏猪高质量选育，导致有些藏猪的繁殖能力弱、生长速度缓慢。因此，随着消费者对藏猪肉的认可度逐步提高，开展藏猪品种保护、品种选育、高效养殖等方面的研究已迫在眉睫。

2. 藏猪产业产品定位。包装的好坏，也决定了消费者对物品的购买力度。对于藏猪肉也是这样，不仅口感要丰富，如何包装也成了影响产业定位的一个重要的选择项目。消费者更加喜爱分割小包装的消费模式，大型的胴体适合周边消费群体的模式，小包装的更适合运输到成都、云南等地线下销售。

3. 藏猪产业市场定位。随着经济水平的不断提高，人们越来越追求高品质的生活。虽然藏猪肉的口感很好，但是由于西藏特殊的产地条件，藏猪的出栏率较低，藏猪肉产量不像生猪肉的产量那么大，售卖价格相对较高，普通的工薪家庭难以接受，所以藏猪肉的销售在高端市场消费群体的占比较高。

（二）加强产业监管，完善体制体系建设

1. 完善政策服务体系。建立健全以绿色发展为导向的藏猪产业政策体系，强化西藏招商引资政策，为藏猪产业高质量发展提供良好的投资环境。制定标准化、规模化养殖标准，出台和完善良种推广、养殖业保险、有机肥补贴、龙头企业合作社扶持和奖励、科技攻关与绩效奖励等政策措施，并保持政策的稳定性和延续性。工布江达县正在有序打造从原种保护、良种扩繁、生态养殖、精深加工到市场拓展的藏猪全产业链。2018 年，农业部批准在工布江达县建立国家级藏猪遗传资源保护场，将为全区藏猪产业的高质量发展提供保障。积极探索创新金融保险和信贷支持藏猪产业发展的政策，建立价格补助机制。将藏猪规模养殖用地纳入政府规划用地，鼓励采取土地流转的形式满足用地需求。

2. 科学制定防疫程序，完善基层防疫体系。疫病是影响藏猪价格的重要因素，采取科学合理的防疫措施，防止疫病发生，让消费者放心是稳定藏猪生产和价格的有效手段。一是积极推行科学严密的防疫程序，加大相关法规和条例的执行力度，杜绝防疫漏洞。二是加强基层动物防疫冷链设施和兽医卫生管理队伍建设，提高基层防控能力。三是推行疫病快速诊断技术，强化疫病的监测，提高应急措施的有效性。四是重视防疫各环节工作，环境防疫规范、日常基本防疫与疫苗注射并举，做到综合防疫措施到位。五是加大公共卫生安全的财政投入，将疫病监测、应急处置、无害化处理等纳入财政预算。

3. 加强流通环节的安全监测与运输。建设高标准农产品检测中心（包含肉制品检测中心），保证产品的质量，将藏猪肉制品安全风险降至最低。建立配套的直销网络，让广大消费者在自家门口就能买到放心优质的藏猪肉，满足广大市民对优质、绿色、安全的藏猪肉的需求。同时，加强冷链物流产品配送中心、质量检测中心建设，促进加工、销售一体化发展，既节约了流通时间，又降低了流通成本和藏猪肉的交易成本。通过农畜产品检测中心检测的藏猪肉可以直接进行网络销售，实现产、加、销的有效链接和生产者、经营者、消费者共赢。

4. 强化人才支撑，研发新品种。一是着力推进人才强产业战略。通过走出去、引进来的方式，培养高端人才。政府制定有效的人才机制，提高资金保障，优惠政策的支持，提高藏猪产业的发展。把活跃市场的技术人才请进来，参与市场研发的活动中来，并提供优惠政策，鼓励人才返乡创业。为本土人才参与藏猪市场开发提供政策支持。二是围绕破解"谁来养""怎么养""谁来加工""谁来卖"等问题，依托政府引导，龙头企业带动和专合组织参与，推广藏猪养殖集成技术，大力培养专业化技术服务组织，促进农业一二三产业融合发展，帮助农民解决好"干不好""不会干""不算账"等问题，缓解产业经营主体和小农户生产周期性，多样性生产服务需求，促进小农户传统养殖与现代化农业发展有机衔接，推行有机肥加工场建设和定点安全屠宰场建设。三是把各类基层产业组织培育成新型农业组织体系，与农户和村集体经济组织开展合股联营，按照协会、基层组织和农村综合服务中心，建立一会一组织一中心的发展思路，恢复和重建供销基层组织体系。按照产业有能人、有资产、有制度的三有标准狠抓产业建设，采取新建、改造和共建等方式，使农牧民入股农村综合服务中心，服务中心带动农民专业合作社发展。

5. 整合资源开展科技攻关，构建西藏藏猪产业技术体系。以构建西藏藏猪产业技术体系为重点，加强西藏创新团队建设，加大对科研院所和高等学校为主体的基础性、公益性创新平台研究经费投入，集聚优质科技资源，提升创新能力。立足产业需求、农民需要，强化源头创新，开展科技攻关，解决制约藏猪产业发展的重大关键技术问题。充分利用地方遗传资源，突破良种繁育、标准化养殖和精深加工等核心技术，形成一批拥有自主知识产权的新技术、新成果，加强科技成果转化与推广，大力提高科技对藏猪产业稳定发展的支撑能力，提升产品质量，发展区域优势特色藏猪产业，引领生产方式转变，带动农牧民增收致富。加大人才培养和培训，建立有效的科技推广体系。

（三）加大扶持力度，增强企业发展能力

1. 支持藏猪原良种场建设，提高良种猪供种能力。落实国家对购买良种猪精液补助政策，加大补助力度，积极推广良种猪人工授精技术，促进品种改良。

2. 推进产业标准化、规模化建设进程。一是建设养殖基地。开展藏猪标准化、规模化生态养殖示范区创建工作，交由企业或县（区）政府经营，落实封闭饲养以达到生物隔离、生态养殖藏猪的目的，建立可在西藏推广、复制的养殖模式。利用不同养殖生物间的共生互补原理，利用自然界物质循环系统，在一定的养殖空间和区域内，通过相应的技术和管理措施，使不同生物在同一环境中共同生长，实现保持生态平衡、提高养殖效益的生态养殖方式。最大限度地利用资源，在有限的空间范围内，采用集约化、工厂化养殖方式在较短的时间内饲养出栏大量的畜禽，以满足市场对畜禽产品的量的需求，从而减少浪费、降低成本，获取较高的经济效益。建设种猪保种与繁育中心、扩繁与育肥中心、粪污资源综合利用中心和生态养殖（轮放）场一体化的百巴堆龙藏猪生态养殖基地，形成以产业基地为核心，辐射周边乡镇的藏猪生态养殖网络。百巴堆龙藏猪生态养殖基地实行“公司＋基地＋合作社＋农户”的经营模式，采取市场化运作与规范化管理，与广大养殖户联结成为密切的利益共同体，形成农牧民增收、农牧业增效的新的经济增长点，构建一个规模庞大、行业互补和利益共享的良性产业体系。二是推进资源要素配置和生产力空间布局向巴宜区集聚。统筹现有的产业园区、物流园区以及展销中心等资源，原则上把藏猪深加工、包装配套等生产以及市场环节全部放在巴宜区。在用地计划指标、园区建设、资金资源配套、劳动力等方面向巴宜区倾斜，支持巴宜区进一步做大城市规模，提升巴宜区在全市产业发展中的引领作用。三是推进藏猪产业标准化建设。要统一标准，按照国家标准进行加工，无统一标准应该按照地方制定的标准进行加工，保证食品质量的安全性。加强检验环节督查，对违规操作的、不按程序屠杀的一律不得进入市场流通，严格堵住源头。健全标准化管理，包括制度体系建设、防疫体系建设、档案管理体系建设等。从藏猪的养殖、生长、屠杀、加工到生产等等一系列的环节，严格监督管理，形成合力进行定期或者不定期的抽查和检查，对不符合标准的要严厉打击。健全和完善市场流通体系，加强行业预警体系建设。建立猪肉专业交易平台，开辟绿色通道，鼓励支持藏猪专业定点收购和中介服务组织的发展壮大，对交易流通做出贡献的政府给予表彰和奖励，建立产业信息化服务和电子商务信息平台，加强预警体系建设，深入分析产品供求关系和周期波动规律，确定生产总体增速和猪群比例调整，加强对生产流通、销售环节的信息采集和监测，强化市场风险分析，及时发布市场预警分析报告，科学预测市场和消费者需求走势，正确引导生产和经营决策。对发布猪肉供求信息并促使交易成功的，按照交易金额 1%~3% 的比例给予奖励；对带动 30 户以上农户或专合组织规模化养殖藏猪、年出栏 1000 头以上的藏猪行业协会成员单位给予 4 万元扶持鼓励。

3. 强化科技支撑，提高加工产品的质量。西藏藏猪肉产品还停留在初级加工的层面，基本都是通过屠杀，胴体直接进入市场进行销售，深加工的力度不够。现代科学技术的发达，使得深加工的食物的口感更加美味。

要注重深加工的开发和研制，不断深化企业技术创新；满足不同的消费群体，使得藏猪肉产品的市场不断拓宽，食品更加多样化。同时，深加工后的食品将在产品研发、食品包装、广告宣传等环节创造诸多产业就业机会，对促进农牧民增收将发挥巨大作用。

4. 加大推广力度，强化公用品牌，做好市场营销。一是强化公用品牌的使用，推动藏猪产业高质量发展。按照藏猪国家标准和地理标识，促进企业进一步强化产品质量，加强品牌宣传与推介，不断提升品牌知名度和影响力，同时科研院所与企业等部门相互协作，开发多种系列的体验和旅游产品，重点打造拳头产品，力争商品率达到 80% 以上。强化品牌整合、加强品牌保护、发挥企业主体作用，扩大区内市场、拓展区外市场，加大品牌宣传，讲好品牌故事，发挥援藏优势，积极对接区外企业，帮助藏猪品牌产品展览推介，对接对口援藏省份销售渠道，加大互联网销售市场，强化市场营销推广。二是将藏猪产业文化与旅游业发展有机融合。近年来，随着红色游、探险游、体验游、自驾游等旅游新业态在西藏的迅速兴起，美食体验备受游客的青睐，通过藏猪肉美食品尝活动，实现藏猪产业文化与旅游业有机融合，对推动藏猪产业的高质量发展将起到重要推动作用。

5. 推进线上线下融合发展，构建覆盖市、区县、乡镇和村四级的产业基地、生产资料、加工产品“三大流通服务平台”，有效促进龙头企业、专合组织和养殖户与大市场的对接。构建产业综合信息服务体系，以省市商务局供销社电商和大数据平台为龙头，充分运用智能化、互联网、大数据、云计算等手段，依托省市商务局供销组织体系在拉萨设立信息服务中心，西藏各主产区县设立分中心、乡镇设立服务站点，解决城乡供需信息不对称、不及时问题，逐步实现利用互联网、云计算、手机 APP 等为农户、产业经营主体提供产品价格、掌上培训、金融服务、农村电商等全天候服务。对已实现可视化智能监控的企业，给予一定的奖励。利用好区内外科技力量，鼓励与龙头企业、专业合作社、养殖大户开展多种形式的技术合作，构建繁育推、产学研、产加销密切结合的藏猪产业技术创新体系。同时采用多种形式加快人才的培养，开展多层次教育体系和专业技术人员、基层技术推广服务人员的培训，通过开办农业技能培训学校和农业推广硕士研究生班，积极争取高校定向培养名额，选送人才到其他省份取经等方式，加快建立一支高素质的藏猪产业技术队伍。在科技服务上，设立科研基金，推进相关科研及成果转化，对成熟的技术转化可以采取政府购买服务。同时积极鼓励和支持企业开发新产品、新工艺，建立政府奖励制度，对在藏猪产业发展中作出贡献的企业、科研机构、科技人员实施奖励。对开辟藏猪产业新领域的项目予以大力支持和重点投入。

第三节　藏羊产业

西藏具有土壤、水源和空气无污染，光照充足，生态环境良好，发展畜牧业和生产无公害绿色畜产品得天独厚的优越条件，畜产品质量优、无污染，深受消费者喜爱，以肉羊养殖为代表的畜牧业已形成自己的产业比较优势和产品特色。西藏应立足自身资源环境优势，以市场需求为导向，以科技进步为动力，以提高经济效益为中心，以实现藏系绵羊、绒山羊产业稳步发展及“农牧区发展、农牧业增效、农牧民增收”为目标，以“转型发展、特色发展、循环发展、精品发展”为原则，以发展现代畜牧业经营主体、发展养羊业为抓手，按照资源整合、高效利用、草畜平衡、保护生态的目的，合理安排藏系绵羊、绒山羊产业基地建设布局，通过转方式、调结构，推进农业供给侧结构性改革，坚持种养结合和草畜配套，加大藏系绵羊、绒山羊产业基地建设力度，适度扩大藏系绵羊、绒山羊养殖规模，提升藏系绵羊、绒山羊产业供给能力，同时通过基地建设及基础设施的完善，推进藏系绵羊、绒山羊规模化、标准化、现代化，为实现藏系绵羊、绒山羊产业可持续发展打下坚实的基础。

一、藏羊产业发展现状

（一）藏系绵羊产业发展现状

藏系绵羊是西藏畜牧业中数量最多的一种家畜，其品种主要有多玛绵羊、霍尔巴绵羊、岗巴绵羊、阿旺绵羊、澎波半细毛羊等。主要分布在日喀则市西部、那曲市中西部、阿里地区南部、拉萨市北部为中心的牧区、半农半牧区。据西藏自治区农业农村厅的数据显示，2020 年底西藏藏系绵羊存栏数为 694 万只，在西藏七地市均有分布，其中日喀则市和那曲市藏系绵羊存栏量最多，分别占西藏藏系绵羊存栏量的 34.9% 和 33.3%；林芝市藏系绵羊存栏量最少，占西藏藏系绵羊存栏量的 0.2%。在羊毛产量方面，根据《西藏自治区统计年鉴（2021 年）》计算，西藏藏系绵羊毛的年产量为 7850.02 吨。其中产毛量最多的是那曲市和日喀则市，分别占 38% 和 23%，林芝市最少。在羊肉产量方面，根据《西藏自治区统计年鉴（2021 年）》计算，西藏羊肉产量为 7.89 万吨。其中产肉量最多的是那曲市和日喀则市，分别占 28% 和 36%，林芝市最少。

（二）绒山羊产业发展现状

西藏绒山羊是世代栖息、繁衍在高原特殊生态环境下的一个古老的优良地方特色品种，因其血缘纯正、绒纤维细、毛囊密度大、单根纤维粗细最均匀四大特点而享誉国内外，是开发高附加值山羊绒产品的上等原料。绒山羊广泛分布在西藏西北部广袤的羌塘草原，阿里地区日土县、那曲市尼玛县的白绒山羊是西藏绒山羊的典型代表，其突出特点是产绒性能良好、品质优良，绒纤维细度保持在 14μm 左右，是山羊绒中的精品。随着西藏对外开放程度的不断加大、农牧民商品意识的不断增强、青藏铁路的全线通车、国内国际市场需求量的不断增加，绒山羊产业已成为西藏优势及重点发展产业。据西藏农业农村厅的数据显示，2020 年底西藏绒山羊存栏 367.35 万只，出栏 133.24 万只；藏西北绒山羊存栏 184.71 万余只，占绒山羊总数的50%左右，而重点区域日土、尼玛两县绒山羊存栏55.44万只，占藏西北绒山羊总数的30%。西藏羊绒的年产量为846.7吨，占全国的8.47%，其产值为1.52亿元。其中藏西北绒山羊基地的山羊绒产量达394.1吨，占西藏山羊绒产量的近一半。近年来，西藏畜牧兽医研究所等相关部门科技人员通过对日土、尼玛两县绒山羊的本品种选育，两县绒山羊无论是在生产性能还是产品品质上都有了明显改善。

二、藏羊产业发展存在的问题

（一）农畜产品加工业发展缓慢

西藏特色农牧业产业起步晚、规模小、链条短、加工转换能力弱，2020年农产品加工转化率仅为39.5%，仅为全国平均水平的一半多，大部分特色农畜产品仍停留在出售原料和初级加工阶段。农产品生产体系、加工体系、市场体系缺乏有机联系，造成特色产品市场竞争力不强，附加值低。龙头企业数量不足、实力弱，品牌战略及产业效益不突出；农牧民组织化程度不够，专业合作组织管理不规范，市场开拓能力不强；企业与农牧民的利益联结不紧密，带动作用不够明显，产加销一体化经营程度低。

（二）生产力及饲养管理水平低下

西藏山羊绒虽然品质一流，然而其产量非常低，仅200克左右。西藏绒山羊的饲养大多采用传统的饲养方法，管理十分粗放，以放牧为主，基本处于“靠天养畜”的生存状态，使品种的优良性状未能充分体现。近年来，由于草原载畜量降低，草原退化、沙化严重，加之西藏大部分草场都属于荒漠半荒漠化，饲草生长期短，产草量极低，羊只采食不到足够的营养物质，况且缺少绒山羊生长不同阶段的补饲标准、饲料配方、饲料添加剂和疫病防治体系等，使绒山羊产业发展滞缓。

（三）科技支撑能力不强

西藏科技推广体系不健全，科技创新能力不足，特别是缺乏中高层次的专业技术人员和科研机构，产业技术研发能力弱，科技成果转化率低，科技贡献率低。基层工作条件艰苦、待遇相对较低，科技人才匮乏，队伍不健全。西藏社会化服务程度低，科技推广工作难度较大，藏羊产业发展的科技支撑能力较弱。

三、藏羊产业发展对策建议

坚持“市场导向、发挥比较优势”原则，统筹考虑各地（市）资源禀赋和环境承载能力，按照“优势区域、优势资源、优势产业、优先发展”要求，进一步调整藏羊产业结构，加快形成与市场需求基本匹配、与环境保护相协调、与不同区域优势互补的产业格局。

（一）优化生产布局

以阿旺绵羊、岗巴绵羊、多玛绵羊特色肉羊品种为重点，着力打造地方优势特色肉羊主产区。阿旺绵羊以昌都市贡觉县为核心区，辐射带动芒康县；岗巴绵羊以日喀则市岗巴县为核心区，辐射带动萨迦县、定结县、仁布县、康马县、拉孜县；多玛绵羊以那曲市安多县为核心区。以山南市贡嘎县森布日为重点，推广萨福克肉羊养殖。在岗巴县建设岗巴绵羊规模养殖园区。在其他绵羊主产县（区）建设标准化育肥合作社。绒山羊养殖核心区重点分布在阿里地区日土、革吉、改则、措勤，那曲市尼玛、双湖、班戈、申扎，日喀则市仲巴县；提升区重点分布在阿里地区噶尔县，日喀则市萨嘎、吉隆。在日喀则、昌都、那曲建设藏系绵羊屠宰、冷藏、分割包装加工园；在那曲、阿里建设羊绒初加工基地，推进阿里日土、革吉、改则、措勤、噶尔和日喀则仲巴、萨嘎绒山羊产业集群建设，推进日土县热帮乡产业强镇建设。藏系绵羊：核心区重点分布在拉萨市林周县，日喀则市岗巴、定结、定日、萨迦、江孜、拉孜、桑珠孜、白朗、康马、仲巴、萨嘎、昂仁，那曲市色尼、安多、聂荣、申扎、班戈、尼玛、双湖，昌都市贡觉、察雅、芒康、江达，山南市浪卡子县，阿里地区札达县等；提升区重点分布在拉萨市当雄县，日喀则市昂仁、南木林、谢通门、聂拉木、萨嘎、仁布，昌都市江达、卡若、左贡，山南市贡嘎、隆子、措美、错那，阿里地区改则、革吉、措勤、日土、噶尔。创建萨迦肉羊产业园，推进岗巴县、定结县、康马县、拉孜县、仲巴县、萨嘎县、昂仁县、定日县岗巴羊、霍尔巴羊产业集群和那曲安多、申扎、班戈、尼玛、双湖，拉萨达孜藏系绵羊产业集群建设，打造岗巴县岗巴镇、仲巴县霍尔巴乡、札达县托林镇、浪卡子县伦布学、贡觉县莫洛镇产业强镇。

（二）以科技为依托，加快良种推广

以科技创新和技术推广为手段，抓好藏系绵羊、绒山羊良种繁育、推广，规模化、标准化、绿色养殖，饲草料和产品加工等工作。加强各级科技推广服务体系和队伍建设，不断改善服务条件，增强服务手段，提高服务水平。进一步改进科技推广服务方式，针对藏系绵羊、绒山羊产业特点，依托西藏农科院、各县农业农村局为技术支撑单位推广操作性强、效果明显的实用技术，将科技创新贯穿产业链始终，为藏系绵羊、绒山羊产业发展提供强有力的科技支撑。改造升级贡觉县觉拥种羊场、岗巴县种羊场、安多县雁石坪种羊场等原种场，培育优良种公羊；采取扩繁场联合扩繁户的模式，增加阿旺绵羊、岗巴绵羊、多玛绵羊能繁母畜种群规模。

（三）全面发展养殖合作社

围绕藏系绵羊、绒山羊的产加销一体化发展，打造以大型龙头企业、农民专业合作组织和社会化服务组织为纽带、适度规模生态养殖场为主体的产业体系。扶持养殖经营主体，推广“龙头企业 + 基地 + 合作社 + 农户”的产业化经营模式，培育壮大龙头企业，扶持合作社实施藏系绵羊、绒山羊标准化生态养殖，因地制宜发展一批藏系绵羊、绒山羊标准化养殖基地。在主产区加快全面推行“人入社、羊入股、地流转、畜入圈、劳转移、舍抵边（边境地区）”的合作社养殖模式。西藏各县（区）、乡（镇）因地制宜引导农牧民以牲畜、草场、劳动力入股。加快推进草场流转，实施规模集中饲养，组织富余劳动力转移就业。引导边境地区抵边放牧，培育一批“守土固边”养羊专业合作社。鼓励返乡创业大学生、乡村振兴专干等参与合作组织经营管理。在岗巴、仲巴、贡觉等县的藏羊主产区创建一批合作社规模养羊示范点，以点带面提高合作社生产经营能力和水平。

（四）规范圈舍建设

制定适合各地实际的规模养殖场建设标准，统一规划、统一建设。高海拔地区养殖场突出挡风保暖功能，鼓励农牧民群众就地取材、投工投劳，控制圈舍成本；农耕区或半农半牧区规模养殖场的场区布局、圈舍结构、选材用料要结合本地实际，按照标准化养殖要求，建设必备的饲养、防疫、粪污处理等设施。

（五）加强疫病防控

加强养殖场生物安全设施建设，实现物理隔离、人流物流分开、消毒设施齐备。开展养殖、动物防疫、保险理赔“三标合一”，实现牲畜免疫、用药等全程追溯。推行“养殖档案＋视频监控”产地检疫模式，降低疫病传播风险。抓好强制免疫、常规动物疫病免疫，加强常见病和寄生虫病防范。落实生物安全防范措施，做好人员、车辆、物料、饮水消毒。

（六）推进规模化品牌化发展

推行精准饲喂等节本增效养殖技术，提升饲养管理水平，提高藏羊繁殖率。调整优化畜群结构，加大非生产畜淘汰力度。按照“品种良种化、圈舍标准化、养殖专业化、经营合作化”的产业化模式，采取“统一卫生防疫、统一养殖规程、统一质量标准”的“三统一”管理模式，实现增产增效。制定藏羊分级分割标准，建立市场准入机制。合理布局藏羊屠宰企业，推进羊肉精深加工。健全加工流通体系，加强仓储、冷链物流设施建设。培育藏羊产加销一体化企业，推行“企业＋合作社＋基地＋农户”经营模式。

打造藏羊地球第三极区域公用品牌，扩大品牌影响力，形成优质优价机制。

（七）建立健全多元化投入机制

养殖基础设施由财政投入三分之一，群众投工投劳三分之一，信贷融资三分之一。藏羊原种场、扩繁场建设资金由自治区财政投入一半、市（地）及县（区）财政投入一半。藏羊全产业链所需设备纳入农机具购置补贴政策。藏羊养殖场用水用电执行农业生产价格。各市（地）采取以奖代补方式，对人工饲草基地（包括复种饲草）经营主体给予补贴。发挥对口援藏省市资金、市场优势，支持藏羊养殖基础设施建设和产品销售。

（八）加大金融支持

按照《中共西藏自治区委员会办公厅 西藏自治区人民政府办公厅关于印发〈关于应对新冠肺炎疫情支持企业复工复产保持经济平稳运行的若干政策措施〉的通知》精神，对规模养殖场给予财税金融支持。组建自治区农牧业信贷担保公司。探索开展土地、草场承包经营权、林权、养殖圈舍、大型养殖机械抵押贷款模式。创新“藏羊贷”特色信贷产品，调整信贷准入条件，优化藏羊养殖贷款周期、利率和额度。实施能繁母畜和育肥畜及设施牧业保险政策，提高保额，扩大保险覆盖面，及时足额理赔，降低养殖风险。积极探索推行羊肉产品保险、完全成本保险和收入保险。

（九）大力发展饲草产业

以“一江三河”大型灌区为主体，集中力量建设基础设施条件好、连片成规模的饲草种植核心区，突出区域化、标准化和专业化。包括：拉萨市林周、曲水、达孜，日喀则市桑珠孜、南木林、聂拉木、江孜、康马、亚东、白朗、拉孜、萨迦，山南市隆子、贡嘎、乃东、扎囊、桑日，林芝市工布江达县。在藏东、藏西北气候适宜地区布局中小规模饲草种植提升区。包括：林芝市巴宜、米林，昌都市左贡、八宿、卡若、芒康、江达，那曲市巴青、比如，阿里地区札达、噶尔、普兰。以拉萨市林周县，日喀则市桑珠孜区、南木林县、萨迦县，山南市扎囊、隆子县，阿里噶尔县为重点，建设饲草加工园。

（十）推行标准化生态养殖模式

为提升藏系绵羊、绒山羊产业发展，在不改变藏系绵羊、绒山羊品种特性的前提下，加大藏系绵羊、绒山羊养殖基地的投入力度，改变传统养殖方式，由原来的粗放养殖模式逐步向更能节约资源的“放牧＋舍补饲”模式转变，合理配置养殖单元，推行藏系绵羊、绒山羊标准化生态养殖。重点建设藏系绵羊、绒山羊标准化养殖场、配套饲料加工厂和屠宰场，采取“统一卫生防疫、统一养殖规程、统一质量标准”的“三统一”管理模式，确保藏系绵羊、绒山羊品质不下降，促进藏系绵羊、绒山羊产业提质增效。

（十一）以农牧民为主体，建立利益分配机制

为确保政府资金在藏系绵羊、绒山羊产业中能够发挥较好的效益，在每项工程立项时，必须结合不同项目不同收益的形式建立国家投资、企业、合作社、养殖户之间的利益分配机制，探索入股分红、拉动就业、对口扶贫、分期归还等多种形式的利益分配方案。国家对藏系绵羊、绒山羊产业发展经营实体的投资采取市场化运作方式，依照出资比例享受权益。

（十二）积极发展藏羊产品物流

以藏羊产品市场建设体系为抓手，整合优化采购、运输、仓储、加工、包装、销售等各个环节的物流资源，打造一条完整、便捷、高效和畅通的特色农畜产品流通体系，建立农牧民、龙头企业、市场之间产销对接的良性机制。引导发展藏羊产品批发市场的冷链物流，鼓励企业建设完善鲜活农产品储藏、保鲜等冷链物流设施，解决鲜活藏羊产品损失严重、附加值低的问题。引导藏羊产品批发市场和加工企业加快冷藏、低温仓库和运输冷链系统建设，直接向超市、社区菜市场、便利店等配送产品。开辟鲜活藏羊产品绿色通道，提高鲜活藏羊产品的市场竞争力。

第四节　藏鸡产业

西藏具有土壤、水源和空气无污染，光照充足，生态环境良好，发展畜牧业和生产无公害绿色畜产品得天独厚的优越条件，畜产品质量优、无污染，深受消费者喜爱，以藏鸡养殖为代表的畜牧业已形成自己的产业比较优势和产品特色。

一、藏鸡产业发展现状

藏鸡是分布于我国青藏高原海拔 2200~4100 米的半农半牧区、雅鲁藏布江中游流域河谷区和藏东三江中游高山峡谷区数量最多、范围最广的高原地方鸡种。产区包括西藏的山南市、拉萨市、林芝市、昌都市东南部、日喀则市中南部、那曲市东部和阿里地区西南部。近年来，藏鸡养殖发展迅速，2020 年，西藏藏鸡养殖规模达到 175 万羽。

二、藏鸡产业发展存在的问题

（一）科技创新和体系建设滞后，支撑服务能力不强

西藏农业科技人才匮乏，农业科技服务体系基础薄弱。据统计，西藏基层农牧科技人员极其缺乏，每万名农村劳动力人口中仅有农业科技人员 17 人，并且 90% 以上是大专以下学历，整体素质不高；基层畜牧兽医技术工作强度大、待遇低，队伍在不断萎缩，青黄不接；乡镇农技推广机构建设不足，服务不到位问题突出。西藏新型养殖技术研发能力弱、科技成果转化率低，农业科技贡献率对产业发展方式转变的引导和支撑力度不够，严重制约了农牧业现代化发展进程。

（二）产业链条短，产业化程度低

西藏特色农牧产业起步晚、规模小、链条短、加工转换能力弱，特色农畜产品市场竞争力不强，附加值低。2020 年农产品加工转化率仅为 39.5%，仅为全国平均水平的一半多，大部分特色农畜产品停留在出售原材料和初级加工阶段。龙头企业带动能力弱，品牌战略及产业效益不突出；农牧民组织化程度不够，专业合作组织管理不规范，市场开拓能力不强；企业与农牧民的利益联结不紧密，带动作用不够明显，产加销一体化经营程度低。

（三）市场发育不健全，社会服务体系落后

受传统的生活、生产观念影响，农牧民商品意识淡薄，缺乏市场经济观念，农产品流通转化渠道有限。以信息化、电子商务和网络技术为特征的现代商贸物流体系尚未健全，原料供给、生产加工和产品终端市场供求信息不对称，限制了农牧区农畜产品的流通，市场对特色产业的引导作用发挥不够。社会性的中介服务组织发展滞后，尤其是信息技术，金融市场、工程咨询设计和中介组织机构等现代服务体系落后，难以适应西藏特色资源转化为特色产业的发展需求。

（四）农牧民受教育程度、组织化程度低，增收压力大

由于农牧民受教育年限短，接受和掌握先进农业技术的难度大，不适应传统农业向现代农业转变的要求。在传统的农牧生产方式下，农牧民满足于自然经济下的生活方式，缺乏合作意识，经济专合组织建设难度大，生产以自给自足为基本目标，所能提供的农产品商品量有限，农业生产效益差，农牧民仅靠养殖藏鸡增收压力大。

三、藏鸡产业发展对策建议

立足产业增效定位，坚持扩规模、稳供给发展方向，加快推动形成以乃东、尼木为核心，辐射山南、拉萨、昌都、日喀则、林芝的藏鸡优势产区。

（一）推行标准化生态养殖模式

为提升藏鸡产业发展，须在不改变藏鸡品种特性的前提下，加大藏鸡

养殖基地的投入力度，改变传统养殖方式，由原来的粗放养殖模式逐步向更能节约资源的“舍补饲”模式转变，合理配置养殖单元，推行藏鸡标准化生态养殖。重点建设藏鸡标准化养殖场、配套饲料加工厂和屠宰场，采取“统一卫生防疫、统一养殖规程，统一质量标准”的“三统一”管理模式，确保藏鸡品质不下降，促进藏鸡产业提质增效。

（二）培育新型经营主体

围绕藏鸡的产加销一体化发展，建立以大型龙头企业、农民专业合作组织和社会化服务组织为纽带、适度规模生态养殖场为主体的产业体系。扶持养殖经营主体，推广“龙头企业＋基地＋合作社＋农户”的产业化经营模式，培育壮大龙头企业，扶持合作社实施藏鸡标准化生态养殖，因地制宜发展一批藏鸡标准化养殖基地。

（三）建立技术创新和支撑体系

以科技创新和技术推广为手段，抓好藏鸡良种繁育、推广，规模化、标准化、绿色养殖，饲草料和产品加工等工作。加强各级科技推广服务体系和队伍建设，不断改善服务条件，增强服务手段，提高服务水平。进一步改进科技推广服务方式，针对藏鸡产业特点，依托西藏自治区农科院、各县农业农村局为技术支撑单位，推广操作性强、效果明显的实用技术，将科技创新贯穿产业链始终，为藏鸡产业发展提供强有力的科技支撑。

（四）建立利益分配机制

为确保国家资金在藏鸡产业中能够发挥较好的效益，在每项工程立项时，必须结合不同项目不同收益的形式建立国家投资、企业、合作社、养殖户之间的利益分配机制，探索入股分红、拉动就业、对口扶贫、分期归还等多种形式的利益分配方案。国家对藏鸡产业发展经营实体的投资采取市场化运作方式，依照出资比例享受权益。应尽力引进有实力的养鸡企业实施“五统一分”(统一品种、统一服务、统一标准、统一品牌、统一营销，分散养殖)的模式，充分发挥政府、部门、企业、农牧民的主体作用，形成上下联动机制，有力助推藏鸡产业发展，增加农牧民的收入，以产业带动精准脱贫工作（马敏，2018）。

（五）财政支持藏鸡配套选育工作

截至2020年底，西藏已初步组建了一支地方鸡合作育种团队，并确定了绿壳、高产、麻羽等选育方向，但由于畜禽选育工作耗资大，而区内地方鸡育种单位规模偏小，人力、财力缺乏，尚需政府给予选育单位一定的资金支持，以加快西藏藏鸡品种选育进程。

（六）加强藏鸡养殖相关技术培训

规模化养殖藏鸡与传统养殖藏鸡是完全不同的养殖方式，其最大区别不仅在于品种上的优化，更多的是从环保、安全、高效的角度来重新定义藏鸡养殖。因此，推广部门应继续加强藏鸡养殖的培训工作，让农户走出养殖生产中的误区，推进优秀品种、先进技术的应用，从思想上、操作上解决农户养殖现实问题，对于规范藏鸡养殖、提高整体生产效益具有重要意义。

（七）推进藏鸡养殖智能化进程

近年来，采用智能化设备进行蛋鸡养殖已经非常普遍，但在藏鸡养殖过程中，智能化设备的使用较少。这与藏鸡放养的特点有关。但从高效安全生产的角度来讲，智能化设备的应用仍是关注的重点。可应用于藏鸡养殖的智能化设备主要包括自动饮水、自动喂料、自动光照控制等生产常用设备，还包括生产数据收集、生产现场监控、产品追溯等设施设备。这些设备的应用对于降低劳动成本、及时发现生产问题，保证产品安全及应用大数据分析解决鸡场难题具有非常重要的作用。

（八）应用“互联网+”，实现藏鸡产业的全面发展

网络平台拉近了生产者和消费者之间的距离，同时也给藏鸡养殖带来巨大商机。养殖户可以通过“互联网+”实现藏鸡产品的网络营销，对构建藏鸡产业全产业链发展将发挥重要作用。

第三篇　展望篇

第六章　构建高原生物产业高质量发展新格局

紧紧围绕实施乡村振兴战略，坚持“创新、协调、绿色、开放、共享”的发展理念和“生态优先、供给安全、结构优化、强牧富民”的指导方针，按照“质量兴农、绿色兴农、品牌强农”的总体要求，以高质量发展、绿色发展、美丽发展、高效发展为主线，坚持聚焦聚力绿色发展、质量效益、科技创新、精准管理和人才培养等五大原则，持续打好农牧业转型升级战，高质量推进农牧业绿色发展，高水平保障农畜产品安全有效供给，高标准构建高原生物全产业链。

第一节　发展战略

坚持西藏一盘棋，统筹特色资源、区域功能与农业农村的协调发展，优化农业农村空间布局，构建“一圈三区四带”的高原特色农业新格局和“六村并举”的高原特色农村新格局。

一、发展思路

积极探索以生态优先、绿色发展为导向的高原生物产业高质量发展新路子，加快推进绿色兴农、科技兴农、品牌强农步伐，努力构建现代农牧业生产体系、产业体系和经营体系，“三农”工作总体呈现高原生物产业高速发展、农村社会全面进步、农民收入持续增加的良好局面，脱贫攻坚、乡村振兴、农村综合改革和人居环境整治等各项重点工作进展顺利。深入学习贯彻落实习近平总书记在中央第七次西藏工作座谈会上的重要讲话精神，按照此次西藏工作会议精神，新时代西藏必须大力发展特色产业，进一步提高产业发展的质量，积极构建西藏现代产业体系，助力团结富裕文明和谐美丽的新西藏建设（王小娟等，2020）。同时要认真落实新时代党的治藏方略，进一步深化改革，紧紧围绕“打造区域性品牌、精准地理商标、严格质量标准”，聚集资源要素，突出集群成链，打通产业堵点，培育发展新动能，加快构建现代农业产业体系、生产体系、经营体系，实现高原生物产业高质量发展。

二、发展原则

（一）坚持党的全面领导

始终坚持党对“三农”工作的全面领导，发挥好党的领导的政治优势，持续巩固党在农村的执政基础，落实五级书记抓乡村振兴的要求，确保党在“三农”工作中总揽全局、协调各方，为加快推进高原生物产业发展提供根本保证。

（二）坚持农牧民主体地位

坚持“发展为了人民、发展依靠人民、发展成果由人民共享”，充分尊重农牧民发展高原生物产业的意愿和创新创业精神，充分调动农牧民群众积极性、主动性、创造性，增强农牧民发展高原生物产业的内生动力，切实发挥农牧民在高原生物产业中的主体作用。

（三）坚持新发展理念

把新发展理念贯穿于高原生物产业发展全过程，创新高原生物产业发展方式，加快推进由增产导向向提质导向转变。加强区内外交流与合作，促进区域协调发展，改善农业农村环境，走与资源环境相协调的高原生物产业之路，促进农牧民群众共享经济社会发展成果。

（四）坚持深化改革

巩固完善农村基本经营制度，深化农村土地制度改革，创新高原生物产业经营体系，完善高原生物产业支持保护制度，建立高原生物产业发展长效机制，创新高原生物产业金融制度，充分发挥市场在资源配置中的决定性作用，更好发挥政府作用，推动有效市场与有为政府更好结合。

（五）坚持系统观念

坚持用大历史观看待“三农”问题，自觉将“三农”工作放在区党委政府工作大局中谋划，把党中央的“三农”决策部署和西藏实际有机结合，解决城乡发展不平衡、农村发展不充分问题，注重高原生物产业发展方向、措施与西藏经济社会发展相统一、与全国农业农村现代化相统一。

（六）突出问题导向

考虑西藏当前产业基础薄弱，对照高原生物产业发展规划目标，针对产业发展呈现出的突出短板，既重视短期典型产业化项目持续经营，也重视高成长潜力点的培育，以及新技术的转化应用，并强化政策支撑力度。

（七）坚持需求导向

根据项目调研可知，高原生物产业普遍存在产业公共服务平台的共性需求。因此，在修订政策时，需要强化并细化产业公共服务平台的支持。同时，在典型项目、平台和创新支持方面，实行“一事一议”制度。

（八）坚持战略引领

贯彻落实国家促进生物产业健康发展指导意见的总体要求，按照西藏自治区党委、政府关于推进高原生物产业发展的决策部署，支持特色产业园区建设、支持资质认证，提高经营主体的经营水平，同时对创新生产模式给予奖励。

三、发展定位

按照结构调整的战略方向，突出生产力创新，聚力打造重要的高原高质高效特色农产品基地、重要的高原宜居宜业美丽乡村示范地和重要的高原富裕富足富民强边先行地。

（一）重要的高原高质高效特色农产品基地

中央第五、第六次西藏工作座谈会明确提出：西藏自治区要建立重要的高原特色农产品生产加工基地。依托西藏独特的高寒自然生态资源与环境孕育了独特的高原特色农业种质资源，重点发展青稞、牦牛、藏猪、藏羊、茶叶、奶业、饲草、蔬菜 8 大产业，兼顾建设葡萄、藏药材、油菜、林果、藏鸡等优势特色产业，大力实施青稞增产、牦牛出栏行动，推进产业规模适度、要素集聚、生产集约发展，推动品种培优、品质提升、品牌打造和标准化生产，推进农业绿色低碳循环发展，将西藏建设成重要的高原高质高效特色农产品基地。

（二）重要的高原宜居宜业美丽乡村示范地

西藏是重要的生态安全屏障，是地球第三极，是全球气候调节器、亚洲水塔、物种基因库。农村是占西藏总人口 68% 以上的农民生产生活和社交的主要场所，也是生态文明建设的主战场，是打造国家生态文明高地的主阵地。协调推进乡村建设，提升农村人居环境整治和基本公共服务水平，推进农村生态文明建设，推进农业绿色发展和人与自然协调共生，加强和改进乡村治理，提升乡村治理水平，深化农业农村改革，加快城乡融合发展，实现巩固拓展脱贫攻坚成果同全面推进乡村振兴有效衔接，推动共同富裕，将西藏打造成为重要的高原宜居宜业美丽乡村示范地。

（三）重要的高原富裕富足富民强边先行地

西藏是重要的国家安全屏障，是维护祖国统一、反对民族分裂的重点地区。推动西藏发展，要更加注重保护高原生态环境，使西藏成为重要的国家安全屏障、重要的生态安全屏障、重要的高原特色农产品基地。因此，“三农”的发展对巩固边防安全，建设团结富裕文明和谐美丽的社会主义现代化新西藏具有重要意义。构建现代乡村产业体系，发展乡村新产业新业态，提升产业链供应链现代化水平，推动边境地区特色产业发展，加强边境基础设施建设，不断提升边境地区农牧民的幸福感、获得感和安全感，将西藏打造成为重要的高原富裕富足富民强边先行地。

四、发展重点

（一）粮食和重要农产品相关建设

牢牢掌握粮食安全主动权，围绕粮食与重要农产品稳产保供的战略需求，聚焦粮食生产功能区和重要农产品保护区，统筹推进高标准农田建设、土地整治与地力提升、田间水利设施建设、牲畜装配式棚圈建设，进一步夯实粮食与重要农产品稳产保供的战略物质基础。

（二）高原生物产业科技创新

围绕提升高原生物产业科技创新能力，深入实施创新驱动发展战略，统筹推进种质资源保护与提升、种业科技研发与成果转化、农业机械化提升等方面建设，确保高原生物产业种源安全和高产稳产。

（三）高原生物产业融合

围绕高原生物产业转型升级和高质量发展，统筹推进现代农业产业融合、农产品仓储保鲜冷链物流设施建设，突出集群成链，促进产业格局由分散向集中、发展方式由粗放向集约、产业链条由单一向复合转变，建设一批现代农业产业园、优势特色产业集群，培育多元化的产业融合主体，发展壮大农业社会化服务组织，打造一批乡村生态旅游精品路线，培育一批知名品牌。

（四）农牧业安全生产保障

围绕提升农牧业防灾减灾能力与农牧业生产风险防范能力，重点推动基层动物防疫能力提升、兽医体系建设、新版兽药 GMP 规范疫苗生产线改造、农产品质量安全认证、农产品质量安全县、农业防抗灾体系建设等项目建设，全面提高动物防疫防控和农作物病虫害监测预警能力，增强防灾减灾能力。

（五）农业绿色发展

围绕加快推进农业向集约高效、绿色安全转变，统筹推进国家农业绿色发展先行区、畜禽粪污资源化利用整县治理提升、秸秆资源综合利用示范、废旧农膜及包装废弃物回收利用、优质人工饲草基地建设等项目建设，实现投入品减量化、生产清洁化、废弃物资源化、产业模式生态化，推动形成农业绿色发展技术模式。

第二节　发展布局

立足区域资源禀赋、环境承载能力，发挥比较优势，引导产业向优势区域集中，先进要素重点投入，推动生产、加工、流通一体化发展，全面建立产业、生产、经营“三大体系”，打造以基地为依托、以企业为龙头、以园区为载体、以合作社为纽带的产业集群，推动形成主体功能明显、区域协调、优势互补、利益相连的“一圈三区四带”现代农业发展新格局。即，环拉萨市现代农业圈，河谷农业发展区、高寒牧业发展区、富林产业开发区，藏东南休闲农业体验带、藏中农耕文化体验带、藏西北游牧文化体验带、边境固边富民产业带。按照“优势区域、优势资源、优势产业、优先发展”的思路，重点发展青稞、牦牛、藏猪、藏羊、奶业、饲草、蔬菜七大产业，兼顾建设茶叶、葡萄、藏药材、油菜、林果、藏鸡等N个点状优势特色产业，构建“7+N”的产业发展格局。

一、大力发展城郊现代农业圈

环拉萨市现代农业圈，包括拉萨、山南和日喀则三市的中心城区及近郊区（县）。做大做强城市现代农业，重点发展蔬菜和奶业等产业，优化农业产业结构，强化科技支撑，推进产业设施化、标准化、规模化、绿色化和品牌化发展，全面提升农产品质量安全水平，不断增强拉萨市“菜篮子”供给保障能力。推进一二三产深度融合，大力发展农畜产品加工业、仓储物流业、数字农业、休闲旅游业、新型服务业，搭建区内产业链供应链深度参与国内大循环、积极融入国内国际双循环的桥梁纽带，全面提升农业综合效益。开展自治区农业农村智慧管理中心建设，构建“天空地”一体化数据采集和监测预警系统，采集青稞、牦牛等优势农牧产品全产业链大数据，构建重要农产品市场和产业损害监测预警体系。推动涉农数据资源共享和智能分析，运用地理信息技术开展农业农村数据管理，建立“两区”数字底图，推进上图入库，提升现代化治理和智慧管理服务水平，辅助科学决策。

二、着力构建现代农业“三区”发展格局

（一）藏中河谷农业发展区

以粮食主产县为基础，以承接都市农业区产业转移、强化支撑保障、促进转型升级为方向，按照“稳粮增禽扩草”的思路，突出打造青稞、藏鸡、饲草产业，协同抓好奶牛、蔬菜、油菜产业，以资源承载力为依托，大力发展种养结合生态循环农业，推进农业绿色发展，提高特色农产品产量和质量，确保粮食安全和重要农副产品有效供给。以创建现代农业产业园、产业强镇、产业集群为抓手，提升农畜产品基地建设水平，建设区内产业链、供应链深度参与国内大循环、积极融入国内国际双循环的种植业基地。

（二）藏西北生态畜牧业发展区

以纯牧业县为基础，兼顾部分半农半牧业县。以修复草原生态系统、维护江河源头生态安全和保护农业特色种质资源为方向，按照“稳牛羊、

扩良种”的思路，突出打造牦牛、藏系绵羊和绒山羊产业。实行以草定畜，加大合作社和家庭牧场培育力度，优化草场、牲畜、劳动力等生产要素配置，建强牲畜棚圈等基础设施，适度发展高原生态特色畜牧业，建设区内产业链供应链深度参与国内大循环、积极融入国内国际双循环的畜牧业基地。

（三）藏东南绿色林特发展区

以林芝和昌都等森林面积较大的县区为基础，兼顾部分边境县。以利用林下资源为主攻方向，以“稳猪扩林果”为重点，突出打造藏猪和茶产业，协同抓好果品、藏药材、水产产业。依托自然气候和交通日益便捷优势，大力发展文创产业、景观农业、休闲旅游业、康养业、农家乐、民宿等新业态，打造特色小镇和美丽乡村。以培育龙头企业为抓手，树品牌、促延伸，大力发展高原特色产业，提升产业质量效益和竞争力，建设区内产业链供应链深度参与国内大循环、积极融入国内国际双循环的特色产业基地。

三、大力实施现代农业“四带”发展布局

（一）藏东南休闲农业体验带

以沿国道“318”线路为主的林芝和昌都部分县区为中心，打造以尼洋河中下游、怒江和澜沧江区域乡村为支撑的藏东南休闲农业旅游带，突出区域生态景观优势，发展休闲生态旅游、美丽乡村旅游、创意农畜产品开发、文化创意与特色植被观赏等旅游项目，打造生态、休闲、旅游、健康养生基地。

（二）藏中农耕文化体验带

以拉萨、山南、日喀则部分县区为主的一小时经济圈为中心，打造以“一江三河”区域乡村为支撑的藏中农耕文化体验带，突出区域人文景观优势，发展文化遗产观光、藏家乐、美丽乡村、农耕文化深度体验等旅游项目，打造河谷农牧旅游基地。

（三）藏西北游牧文化体验带

以那曲、阿里为中心带动拉萨、日喀则，打造以国道周边区域乡村为支撑的藏西北游牧文化体验带，突出原真性、旷野性等游牧景观优势。立足自然风光和草原文化特色，营造羌塘大草原景观，发展天然牧场观光、藏家生活体验、美丽乡村等特色农业景观观光、游牧文化体验等，打造草原畜牧业旅游基地。

（四）边境固边富民产业带

以错那县、洛扎县、浪卡子县、隆子县、普兰县、札达县、日土县、噶尔县、米林县、朗县、察隅县、墨脱县、定日县、定结县、岗巴县、吉隆县、萨嘎县、聂拉木县、亚东县、康马县、仲巴县等21个边境县所辖乡村为主，打造兴边固边产业带，推动边境地区发展特色农业。立足边境地区生物资源多样性和特色资源优势，推动边境地区种植业规模化、标准化和绿色化发展，加强特色经果林和藏药材种植。培育壮大边境旅游业，挖掘旅游潜力，丰富旅游产品，发展智慧旅游，健全完善旅游基础设施和配套服务功能、红色旅游。优化提升边境加工业，因地制宜发展种养业和农畜产品初加工业，大力培育和扶持经营主体。转型升级边境商贸业，突出区域通商口岸、自然景观、特色文化优势，加大对外贸易合作力度，深入挖掘旅游资源，促进一二三产业融合发展。

四、合理布局“十大”产业基地

按照优势区域、优势资源、优势产业、优先发展的总体思路和区域集中、规模做大、质量提升、效益提高的目标要求，对产业基地进行合理的布局（辛盛鹏，2012）。主要有：以日喀则市桑珠孜区为创建主体的青稞产业基地；以那曲市色尼区为创建主体的牦牛产业基地；以拉萨市城关区为创建主体的奶牛产业基地；以日喀则市岗巴县和阿里地区日土县为创建主体的藏羊产业基地；以日喀则市白朗县为创建主体的蔬菜产业基地；以林芝市工布江达县为创建主体的藏猪产业基地；以山南市乃东区为创建主体的藏鸡产业基地；以西藏易贡茶场为创建主体的茶产业基地；以昌都市芒康县为创建主体的葡萄产业基地；以林芝市米林县为创建主体的藏药材产业基地。

第七章　西藏高原生物产业高质量发展对策建议

西藏自治区政府专题研究高原生物产业发展规划事宜的会议指出，各相关部门要精益求精做好规划修编，绘制好高原生物产业发展的蓝图，通过规划引领，推动高原生物产业集约集聚发展，加快产业转型升级，实现绿色发展、高质量发展。在此，通过对西藏高原生物产业的发展现状、发展目标、发展措施与发展路径研究，提出推进西藏高原生物产业高质量发展的重大举措、重大政策建议、重大改革支持、重大项目需求和体制机制保障。

第一节　推进高原生物产业高质量发展的重大举措

全面贯彻落实国家粮食安全战略，严格落实粮食安全党政同责要求，完善粮食安全省长责任制和“菜篮子”市长负责制，按照保总量、保多样、保质量的要求，落实最严格的耕地保护制度，开展良种“卡脖子”技术攻关，培育一批优质、高产的品种，加强粮食生产功能区和重要农产品生产保护区建设。因地制宜集聚集群发展青稞、蔬菜、牦牛、藏羊、果茶、藏药材、饲草等特色产业，构建青稞、蔬菜、肉、蛋、奶、茶六大农畜产品供给保障体系，全面提升农业抗风险能力。

一、集群发展高效种植业

2020 年中央一号文件中，明确提出确保粮食安全始终是治国理政的头等大事，粮食生产要稳字当头，稳政策、稳面积、稳产量。坚持“稳粮、增菜、稳油、优果、优茶、优药、增草”发展方向，加快优质品种的引进推广，加强绿色生产模式应用，引导各类新型经营主体建设规模化标准化生产基地和园区，推动产业集聚集群发展，全面提升青稞、油菜、蔬菜、茶叶、水果、藏药材、饲草业供给水平和质量效益。

（一）夯实青稞稳产保供基础

建立青稞生产基地，加强横向联合，逐步形成产业化开发；建立和完善青稞良种育种、繁育推广体系，加强青稞生产加工基地、种子和产品质量检测监测基地以及青稞品种优化工程，商品生产基地和保障体系等基础建设；建立青稞精深加工技术研发中试基地，做到产量、质量和效益同步（梁珠英，2014）。青稞产业发展是保障西藏安全的压舱石，要坚持稳面积、上规模、增单产、提效益的发展方向。稳定青稞面积和产量，完善和落实好各项支持粮食生产的政策措施，调动农民种粮积极性，重点建设青稞产业带，稳定青稞种植面积。开展粮油绿色高质高效创建示范，推广高产优质的青稞品种，稳定“喜马拉22号”“藏青2000”等良种种植，提高化肥农药利用效率，示范推广青稞机械化收获减损技术、化肥减量增效技术、测土配方施肥技术、有机肥无机肥配合施用技术、农作物病虫害专业化统防统治和绿色防控融合技术，加快推进农业机械化、扩大全程机械化作业范围，增加深松整地作业面积，稳定青稞产量。发展优质青稞产业。扩大黑青稞等特色青稞种植面积，在河谷农耕区利用其良好的生态环境发展绿色和有机青稞产业，提高青稞加工转化能力，完善产业链、提高商品率，融合现有青稞品牌，通过举办青稞论坛等方式，加强特色农业产品品牌宣传推介力度，打造地域特色突出、产品特性鲜明的“地球第三极”子品牌，提高青稞生产的经济效益。

（二）推动蔬菜产业增产增效

党的十九大报告提出乡村振兴战略。产业兴旺是乡村振兴的关键，其中蔬菜产业的兴旺，必须依靠种业发展。蔬菜是城乡居民生活必不可少的重要农产品，保障蔬菜供给是重大的民生问题（陈景峰，2022）。立足自给有余、找准增收定位，坚持建基地、提品质、树品牌、增效益发展方向。增加蔬菜品种和产能，优化蔬菜产能布局，着力打造一批中低海拔设施蔬菜和城郊高效日光温室蔬菜规模化、标准化生产基地，修复改造现有闲置破损温室、推广专用优良品种，积极开展新品种、新技术、新模式的引进、试验、示范；调整栽培食用菌品种结构，推广有机食用菌栽培、认证，建设高效日光温室菌种场，实现栽培食用菌产业的转型升级，加大非农耕地设施蔬菜建设力度。发展净菜加工和冷链配送，建立健全蔬菜保鲜仓储物流体系，加强蔬菜质量安全监管，打造高原蔬菜品牌，持续提升蔬菜供应保障能力。

（三）推进油菜产业提质增效

我国油菜产业正酝酿第四次跨越——由优质高产向绿色高质高效发展。基于我国油菜产业发展的背景，提出了油菜产业高质量发展的内涵和重点任务；针对油菜产业高质量发展的优势及面临的挑战，提出了切实落实油菜保护区政策、加快提升科技支撑能力、大力培育新型农业经营主体、促进多元化开发、实施健康油脂科学消费战略等对策与建议，有效保障了我国食用植物油供给安全和健康消费（殷艳等，2021）。加强油菜生产保护区建设，立足油料自给定位，坚持稳面积、优品种、增单产、提品质发展方向，加快优良品种选育，推广“双低三高”品种和油菜标准化生产技术模式，建设36万亩高原优质油料高标准生产基地。提升机械化作业水平，聚焦油菜生产优势区，推广精量半精量化播种，推进油料生产机械化，加快油菜轻简新技术示范推广，积极发展油料生产农机社会化服务。促进油菜加工提质增效，引导油料加工中小企业提升传统工艺，开发绿色优质、营养健康油料加工新产品，开展精深加工和副产品开发，深度挖掘油菜多功能多重价值，培育一批食用菜籽油品牌，促进油菜产业提质增效。

（四）促进菌果茶药产业做优做精

立足区域资源环境禀赋，推进菌果、藏药、茶产业发展，提升产业发展规模和综合效益。一是菌果。坚持提升品质、明确增收定位。以松茸、木耳、獐子菌、灵芝等食用菌为主，建设野生菌采集及加工基地；按照品种良种化、生产加工标准化和产品销售品牌化要求，建设高原绿色有机葡萄、苹果、桃产业基地。二是茶。坚持增产增效、带动增收增效。着力建设10万亩茶叶“产加销”基地，配套建设茶叶种苗繁育基地和母本园，引进优良抗寒茶叶品种，大力发展低氟健康茶种植，生产高端雪域有机绿茶、红茶、黑茶和砖茶，积极与“地球第三极”优选标准平台衔接，鼓励茶企业开展绿色、有机、地理标志产品认证，打响“林芝茶叶”区域公用品牌。三是藏药材。坚持藏药扩规模、增品种、增效益发展方向，加强藏药材种植基地建设，打造藏药材GAP标准化种植点状产业带。依托现有的藏药材技术研究基地，加强野生藏药材植物资源的基地保护和驯化开发，加快道地藏药材种植技术研究，建设大宗药材、紧缺药材和濒危藏药材种植基地，提升藏药材原料产业化、规模化生产水平。提升虫草采集、收贮、销售产业化水平。加快推进白朗万亩枸杞产业。

（五）提升饲草供给保障能力

立足保障自给、抗灾保畜定位，坚持扩面积、增单产发展方向。一是调整饲草种植结构，加快形成以大中型灌区为主体的饲草种植核心区和藏东、藏西北气候适宜区域的中小规模饲草种植提升区。二是完善牧草良种繁育体系，开展牧草种业资源创新和主栽牧草品种繁育技术试验示范，建立牧草种质资源基础数据库，加快新品系培育和驯化选育，完善草种生产基地和草种加工仓储体系，逐步形成产学研相结合、育繁推一体化的牧草良种繁育体系，提高牧草种子综合生产和供应能力。三是加大饲草生产基地建设，开发边际土壤、低产田等宜草荒地和新垦灌区；改造提升现有人工草地，参照高标准农田建设标准，推进低产田粮改饲，调减低产田粮食作物播种面积，加快土地流转，推进集中经营；推广饲草复种模式，重点推广粮草轮作、林草间作、农田复种等一年两收套复种饲草高产栽培模式，扩大饲草种植规模；改造提升高寒牧区现有人工草地，推广“冬圈夏草”模式，推进高寒牧区牧草提质增效。四是加快发展饲料加工业，结合饲草种植基地建设，建设饲草料加工基地，以优质青干草调制和裹包混合青贮为主，开展商品草生产，探索打造西藏饲草产品品牌，构建东西联动、农牧结合的饲草料生产、加工、贮备体系和抗灾保畜保障机制。

二、大力发展现代养殖业

养殖业的发展是带动农业增效、农民增收及农村繁荣的重要产业。按照“畜禽良种化、养殖设施化、生产规范化、防疫制度化、粪污无害化”要求，坚持增牛稳羊扩猪禽发展方向，进一步提高畜禽规模化养殖比例与智慧化养殖基地数量，加快优质牦牛、奶牛、藏羊、藏猪、藏鸡品种改良，推进畜禽产品精品化发展。

（一）推进畜禽适度规模养殖

依托养殖专业合作社、养殖大户、家庭牧场，在畜禽养殖优势区建设标准化、规范化养殖、育肥与生产示范、培训基地，推广先进饲养技术，推动畜禽产业向规模化、精品化发展。

一是牦牛。坚持稳规模、推良种、提品质、创品牌发展方向。优化牦牛产业布局，加快推动形成以当雄、色尼、类乌齐为核心的牦牛养殖优势产区和牦牛育肥示范区，建设丁青、色尼、班戈、仲巴选育场，打造那曲、昌都、拉萨牦牛肉深加工产业园。强化优质野血牦牛种质资源保护与利用，健全牦牛育繁推广体系，推进规模化、标准化养殖，加快牦牛出栏。发展牦牛产品精深加工，提升拉萨、日喀则、昌都、那曲冷链物流和产地初加工能力，推进绿色、有机和地理标志农产品认证和追溯体系建设，推动产品和企业品牌入驻“地球第三极”优选平台。

二是奶牛。坚持以改良为主、引进为辅的发展方向。推进奶牛良种繁育，加大黄牛改良和优质奶牛引进力度，全面推广性控冻精和冻配直肠把握输精法，提高受胎率，逐年提高参配母牛数量。优化奶牛群体结构，提高奶牛良种覆盖率。转变饲养方式，推广良种、良料、良法，推行测乳配方饲喂技术，提高奶牛单产，增加牛奶总产。强化奶牛规模化、标准化养殖场（小区）建设，在奶牛核心产区县重点建设一批奶牛“百千万”标准化养殖场，在奶牛提升区扶持一批奶牛养殖大户、合作社、家庭牧场；推进拉萨“万户百场十中心”奶业工程建设，创新奶业生产经营模式，集中打造西藏首个鲜奶直供城市。加强奶制品加工，优化调整乳制品精深加工产品结构，培育亿元乳制品加工企业。

三是藏羊。坚持扩良种、优品质、提产量发展方向，加快推动形成以岗巴、贡觉、安多为核心，辐射拉萨、日喀则、那曲、昌都、山南、阿里的藏系绵羊优势产区；以日土、尼玛为核心，辐射阿里、那曲、日喀则的绒山羊优势产区。改造升级日土、贡觉、岗巴、安多原种场，全面发展养殖合作社，在日土、贡觉、岗巴、安多创建一批示范合作社，在萨迦发展规模适度的羊产品加工龙头企业，加快发展以洗绒、梳绒和精纺等为主要形式的羊绒加工业，提高产品加工转化率和附加值。

四是藏猪。坚持扩规模、稳供给、创品牌发展方向，加强藏猪品种选育，建设种质资源保护和品种选育原种场、良种扩繁场。扩大养殖规模，建设生态养殖基地，培育产加销一体化龙头企业，推进标准化生产、精深加工、冷链流通，强化粪肥还田利用，加强疫病防控体系建设，积极围绕“地球第三极”培育子品牌。

五是藏鸡。立足产业增效定位，坚持扩规模、稳供给发展方向，加快推动形成以乃东、尼木为核心，辐射山南、拉萨、昌都、日喀则、林芝的藏鸡优势产区。强化纯种藏鸡种源保护与繁育，开展纯种藏鸡保种选育工作，繁育推广纯种藏鸡，建设一批藏鸡繁育基地，开展适宜西藏自然环境的现代藏鸡饲养技术研究，制定并推广藏鸡标准化养殖规范，开展藏鸡标准化养殖示范工作，引导农户由分散养殖向适度规模养殖转变，构建一批由规模养殖场、养殖小区和养殖示范户为主体的点面结合的养殖基地，建设一批标准化屠宰加工厂（场），满足区内市场供给。

（二）提升高原特色水产养殖

水产养殖业是大农业的重要组成部分之一，是国民经济不可缺少的支柱，其产品与人类社会生活息息相关。水域是发展水产养殖业的物质基础和前提，没有水域，或者水域面积狭窄，水产养殖业生产受到水域面积的限制，是很难发展的，西藏江河、湖泊、塘池众多，水域面积辽阔，为水产养殖特别是渔业生产的发展，提供了有利条件（李竹青，1990）。西藏坚持扩规模、增供给的发展方向，以亚东、江达、波密、桑日、桑珠孜为重点，建设渔业增殖放流站和健康养殖场。以白朗、昌都及雅鲁藏布江下游地区为重点，建设土著鱼保护基地。以拉萨为重点，建设渔业资源养护综合实验室平台和水产良种场，加强水生生物资源保护，规范渔业种业发展，保护尖裸鲤、黑斑原鮡、亚东鲑鱼等特有种质资源。发展生态健康养殖，建设水产健康养殖场，发展多种形式的适度规模经营，建立健全水产养殖社会化服务体系。支持水产品现代冷链物流体系建设，实施水产养殖品牌战略。

三、稳步发展农畜产品加工业

（一）补齐农畜产品精深加工短板

围绕粮油、肉、奶、林果蔬菜加工，鼓励和支持种养大户、农民合作社、家庭农（牧）场、中小微企业发展青稞等粮食作物初加工，加大反季节蔬菜生产和净菜加工力度，重点做好果蔬的清洁、分级、包装等初加工，建设果蔬、奶类、畜禽等鲜活农产品冷藏设施，因地制宜发展民族特色奶制品等小种类农产品初加工，积极开发旅游休闲农产品加工。

（二）大力发展农畜产品精深加工

重点抓好青稞、油菜、马铃薯、林果、肉制品、乳制品、皮毛绒等特色农畜产品深加工，拓展营养、经济、方便的青稞系列功能粮油加工制品，重点加工菜籽油等高端油料产品，鼓励发展高原特色果菜加工业，大力发展以高原茶、食用菌和葡萄为原料的特色食饮品，新建、改造屠宰厂，引导龙头企业开展肉制品深加工，传承创新具有民族和高原特色以及传统风味的腌腊类、风干类等方便休闲肉食品和各种保健生物制品，开发酥油、鲜奶、酸奶、奶酪等奶制品以及牛羊皮、毛（绒）深加工制品。

（三）推进综合加工利用

鼓励大型农业企业和农畜产品加工园区推进加工副产物梯次利用、全值利用、循环利用，实现变废为宝、化害为利，采取先进的提取、分离与制备技术，推进麦麸、油料饼粕、果蔬皮渣、畜禽水产皮毛骨血、内脏等副产物综合利用，开发新能源、新材料等新产品，提升增值空间。

四、加强耕地保护和质量建设

（一）全面落实永久基本农田保护制度

采取“长牙齿”的硬措施，对耕地实行特殊保护和用途管制，加强粮食生产功能区和重要农产品保护区监管，建立健全工商资本流转土地资格审查和项目审核制度，严禁违规占用永久基本农田，确保耕地数量不减少、质量有提高。

（二）加强受污染耕地安全利用工作

对优先保护类采取污染源头严格管控，对安全利用类因地制宜采取安全措施，推广“品种替代＋水肥调控＋土壤调理”等综合技术模式；对严格管控类采取治理修复措施，推广施用土壤调理剂、增施有机肥、深松深翻等措施。

（三）推进建设高标准农田

以粮食生产功能区和重要农产品保护为重点，按照“旱涝保收、高产稳产”要求，加快高标准农田建设步伐，大力实施土地整治、客土改良以及机耕道、田间渠系、农田防护网等配套设施建设，推广高效节水灌溉技术，提高水资源利用效率，分片推进中低产田改造及坡耕地治理。

五、提升基础设施建设水平

（一）完善农田水利设施

结合高标准农田建设，加大粮食生产功能区范围内中小型农田水利设施建设，因地制宜兴建“五小水利”（小水窖、小水池、小泵站、小塘坝、小水渠）工程，构建农田灌溉系统，建设满拉灌区节水配套与现代化改造工程，推进重点灌区与节水改造及中小型灌区建设力度，加强小型水库工程建设，大力发展节水灌溉，完善灌排设施体系，统筹推进田间渠系配套和用水计量设施建设，推广高效节水灌溉技术，提高水资源利用效率。

（二）提高农牧渔设施建设水平

围绕主要城镇建设城郊型高效蔬菜生产日光温室，在“一江三河”大中型灌区依托饲草种植基地建设牦牛标准化集中育肥小区，在高寒牧区大力推广种养两用型温室，改造提升规模化养殖场（小区）。

六、提高农业抗风险能力

统筹发展与安全，围绕提升农业防灾减灾能力与农业安全生产风险防范能力，加快农业防灾减灾体系建设，推动动植物重大病虫害防控体系和动物疫病防控体系建设，强化农产品质量安全保障，不断提升抵御自然风险、市场风险、安全风险等农业风险的能力。到2025年初步建成预警及时、决策有力、指挥高效、设施齐全、物资充分、流通顺畅、运行良好的现代化农业防灾减灾体系。

（一）加快农业防灾减灾体系建设

完善农业防灾减灾预警与决策应急体系，建立健全自治区级灾情信息联结与灾情分析评估、区地两级决策会商与指挥、灾情信息发布三大系统，制定跨区域应急预案及应急响应和处理机制，推进突发事件预警信息发布系统向乡镇延伸，有效提升灾情预警预报和应急处突水平。加强防灾减灾设施与队伍建设，新建县、乡农业防抗灾物资储备库，确保救灾人员和物资储备充足，强化易灾区的防灾减灾管理，有效整合各部门防灾抗灾项目建设，促进防抗灾设施资源的共享利用，最大限度地减轻农业灾害损失。加强草场防灾减灾基础设施建设，以草场围栏、牲畜棚圈等草原基础设施建设为重点，继续协同实施草原防灾救灾重大工程建设，建立饲草料配送中心，不断强化县、乡两级饲草料储备库等畜牧业基础设施建设。

（二）完善重大病虫害疫情防控体系

加强重大病虫害的动态监测与信息通报，及时开展虫情、病情监测预警及会商，准确发布中期和短期预报；充分利用电视、网络、广播、微信等媒体发布病虫害发生防治信息，为科学指导防治提供依据。加大防治技术推广力度，针对主要作物、重点地区、主要防治对象，建立一批综合防治示范区，扩大综合防治技术示范展示规模。做好防控物资储备，多种渠道、多种形式备足防治物资，对突发性病虫害，充分做好应急物资储备。扶持第三方专业化防治，建立健全粮油主产县区专业化统防统治队伍，配备相应数量的专业技术人员及设施设备，积极探索农民专业合作组织等多种专业化防治组织形式，大力推进重大病虫害统防统治。

（三）完善动物疫病防控体系

全面加强动物防检疫体系建设，完善动物疫病防控和动物检验检疫设施，推进地市、县区兽医实验室检测能力建设，强化外来动物疫病查验截获、检测鉴定、除害处理、监测防控能力，构建网络健全、队伍稳定、保障有力、处置高效的动物疫病防控体系。健全兽医卫生风险全链条管理机制，按照预防与控制、净化、消灭相结合的方针，实施分病种、分区域、分阶段的动物疫病防治策略，推进兽用疫苗生产线升级改造和村兽医室建设，加强兽药、饲料和饲料添加剂等投入品在养殖、屠宰、生产、运输、经营和使用环节的监管，加强畜禽及畜禽产品产地检疫和屠宰检疫，强化动物防疫监督，坚决防止染疫动物及产品流向市场。加强病死畜禽无害化处理，完善病死畜禽“统一收集 + 集中处理 + 跨区防范 + 线上监控 + 保险托底”的长效运行机制，优先健全特色品种保险联动机制，不断提升突发重大动物疫情预防、控制和扑灭能力，因地制宜布局建设市级县级无害化处理中心。

（四）确保农产品质量安全

健全重要农产品监管监测体系，规范管理、稳定运行已建成的42个区、地市、县区农产品质量安全检测中心（站），鼓励指导未建设农检站的县区借助第三方机构或县区综合性检验检测机构开展农产品质量安全检测，逐步完善自治区、地市、县区三级农产品质量安全检测体系，支撑农产品质量安全监管工作，加强农产品质量安全风险（例行）监测和监督抽查，提升农产品质量监测覆盖率，保障农产品质量安全。逐步完善农产品质量安全追溯体系，以规模化农产品种养基地为依托，悉数纳入自治区农产品质量安全追溯信息管理平台，逐步形成重要农产品进入批发市场、农贸市场和加工环节前的农产品质量安全追溯体系，提升智慧监管水平。加强农产品质量信用体系建设，全面推行食用农产品合格证制度，建立生产者自我质量控制、自我开具合格证和自我质量安全承诺制度，建立完善规模以上农产品生产主体名录库。加强农产品和农资生产经营主体信用体系建设，落实失信联合惩戒的黑名单制度。加强农产品质量安全监管，发展绿色农产品、有机农产品和地理标志农产品，规范包装的标识管理，实施农业生产“三品一标”提升行动，加快健全农业生产标准体系，推动新型农业经营主体按标生产，创建农产品质量安全县。

（五）畅通农牧业生产、经营机制体制，畅通打造品牌建设及物流销售渠道，畅通利益分配联结机制，畅通乡村治理体制机制

畅通农牧业生产、经营体制机制：做强农牧业产业化龙头企业，突出抓好农牧民合作社和家庭农（牧）场两类农业经营主体发展；探索创新农牧业社会化服务和政府购买服务运行机制，不断提高农牧业经营效率，强化农畜产品品牌打造；加快农畜产品冷鲜仓储冷链运输体系建设，完善农产品质量安全监管监测体系，建立健全农产品质量安全追溯制度；立足高原、绿色、有机品牌优势，打造绿色有机农产品区域公用品牌，以品牌化带动标准化生产。畅通利益分配联结机制：健全面向小农户的社会化服务体系，促进小农户和现代农业有机衔接，让小农户共享发展收益；加快农村一二三产业融合发展，打造集约化、专业化、组织化、社会化相结合的新型农牧业产业体系，将小农户嵌入现代农业产业链。畅通乡村治理体制机制：巩固和强化村级党组织领导地位，推进农牧区群众性自治组织建设，充分发挥自治章程、村规民约在农牧区基层治理中的特殊功能，弘扬公序良俗；完善面向农牧民的乡村法律服务体系，健全边境立体防控体系，推进法治乡村建设、平安乡村建设。

七、增强农牧区发展活力

（一）增强农牧民发展内生动力

倡导树立勤劳致富的新时代乡村文明，强化农村党支部和村级各类组织作用，引导群众自觉参与产业发展和乡村治理；加大农牧民职业技能培训，加强就业信息服务，提高农牧民转移就业组织化程度，引导农牧区富余劳动力平稳有序外出务工；鼓励农牧民返乡创新创业，建立支持农牧民

多种形式的创业服务平台和服务体系。

（二）增强新型经营主体活力

加大农牧业产业化龙头企业和专业合作社引进扶持力度，培育壮大本地农牧民合作社、家庭农牧场、龙头企业、农垦集团等多元化的经营主体，争取落实新型经营主体优惠扶持政策；探索建立新型经营主体与农牧民增收的紧密利益联结与合作机制，形成利益共享、风险共担的经济共同体，实现生产上的联耕联种和经营上的联管联营，提高抵御生产经营风险能力。发展社会服务型适度规模经营，积极培育各类经营性社会化服务主体。

（三）增强农牧区改革活力

坚持“三个长期不变”，巩固完善农村基本经营制度，落实农村土地“三权”分置，引导农牧区耕地和草原经营权规范有序流转，发展多种形式的农牧业适度规模经营；稳步推进农村集体产权制度改革，全面推进农村集体资源性资产确权登记颁证，稳步开展草原承包经营权确权登记颁证试点，稳步推进集体经营性资产股份合作制改革，完善农村集体资源资产资金管理和收益分配制度；建立完善农村宅基地管理机制，鼓励盘活利用闲置宅基地和闲置住宅。

八、强化现代科技装备支撑

（一）强化核心关键技术攻关

加大种业和耕地核心科技攻关，聚焦“保、育、测、繁”四个环节，深入实施青稞、饲草、牦牛、果蔬、食用菌等现代种业提升工程，加强种质资源保护利用和种质资源库建设，大力开展核心种源技术联合攻关，重点培育扶持一批“育繁推”一体化种子企业和一批“藏系”品种；大力实施耕地质量提升工程，开展坡耕地、退化及污染耕地治理和土壤有机质提升技术研究。加大农业提质增效关键技术攻关，围绕农业绿色发展、农业机械化、智慧农业、农产品深加工等领域，重点开展粮食和果蔬绿色增产与现代加工技术攻关、特色畜禽水产健康养殖、饲草高效栽培及草产品加工等技术创新，形成一批拥有自主知识产权的新技术、新产品和新工艺。建立现代农业产业技术创新体系，围绕西藏高原特色产业，加快建立区市县协同，产研学互融、育繁推一体的现代农业产业技术创新体系。

（二）强化科技创新能力建设

推动涉农重点实验室及平台建设，进一步提升省部共建青稞和牦牛种质资源与遗传改良国家重点实验室能力，加快建设一批服务不同区域的农业科学观测实验站、田野外科学观测研究站、基础资源收集保存库，形成覆盖西藏、结构层次合理、点线面结合的农业科技基础支撑平台体系。推动农业科技园区建设，积极推动拉萨国家农业高新技术产业示范区建设，加快西藏农业科技园区建设与提升。推动乡镇农牧综合服务中心功能落地，推动完善县（区）农业技术推广站、兽防站和乡镇农牧综合服务中心等基础设施和配套设施，配齐配强涉农专业技术人员。

（三）深化农业技术推广与应用

扩大农业科技成果转化路径。依托技术转化机构、技术交易市场和技术服务机制，鼓励采取农业研发合作、技术转让、技术许可、技术投资等多种形式，推动农业科技成果有效转化。创新农业技术推广服务模式，探索建立“科研团队 + 基层农技推广人员 + 高素质农民”的新型农业科技服务体系，建立现代种业、科学种养、农机作业、病虫害防控、农资供应、产地初加工、农畜产品储运保鲜等社会化服务网络，探索委托经营服务、片区化服务和个性化服务机制，推动农牧业社会化服务提档升级。

（四）推进数字农业建设

构建农业农村基础数据资源体系，统筹建设农业自然资源、重要农业种质资源、农村集体资产、农村宅基地、农户和新型农业经营主体等五类大数据库，形成农业农村基础数据资源体系，建设农业农村大数据中心，提高农业农村现代化智慧管理服务能力。加快生产经营数字化改造，推动5G技术在农业领域的应用，实施数字农业工程和“互联网+”现代农业行动，利用卫星遥感、航空遥感、地面物联网等手段，以青稞、设施蔬菜等种植以及藏猪、藏鸡等畜禽养殖为重点，率先建成一批智慧农场、智慧牧场，汇总集成和开放共享产业数据，全面提升农业精准化水平。推动管理服务数字化转型，健全重要农产品生产全产业链监测预警体系，加强市场信息发布和服务，建设数字农业农村服务体系，开展农业生产性服务，提升农民生产生活智慧化、便捷化水平。

九、强化特色种质资源保护利用与作物优良品种扩繁、选育和推广

（一）以青稞、牦牛、藏药材等高原特色生物资源为重点，加强自治区农业生物种质资源库建设

加强农作物种质资源、畜禽水产种质资源、名贵濒危野生藏药材种质资源普查编目，完善品种登记，推进数字化动态监测、信息化监督管理。加强畜禽遗传资源活体保种、遗传材料保存及资源利用，建设牦牛、藏羊等国家级畜禽遗传资源保种场，持续开展牦牛、藏羊、藏猪、藏鸡等遗传多样性研究。加强口岸检疫和外来入侵物种防控。

（二）加快作物优良品种选育与推广

加快作物优良品种选育。围绕农业绿色发展要求，充分挖掘高产、优质、节水、节肥、抗逆等优异性状种质基因资源，加快培育推广肥水高效利用、适宜机械化生产的作物优良品种，重点选育一批适合自治区半干旱和干旱地区种植的抗逆性好、粮草双高的青稞新品种，筛选“高油”“双低”油菜品种，高产、优质、抗逆性强的地方饲草品种。推进良种繁育基地建设。加快提升青稞良种基地规模化、机械化、标准化、集约化、信息化水平，

重点繁育推广藏青2000、喜马拉22号、冬青18号、黑青稞等优质青稞良种，打造青稞国家种子基地。加大蔬菜新优品种繁育，建设蔬菜工厂化育苗中心，构建优质蔬菜种苗生产与供应网络。加强箭筈豌豆、燕麦、小黑麦、紫花苜蓿等优质饲草料品种繁育。加强茶叶种苗繁育基地和母本园建设，推广中小叶种群、乌龙系列、福鼎大白等优势茶叶品种。加大新品种宣传推广力度，加强区市县三级相互衔接、互为补充的作物新品种展示示范网络建设，推进良种良法配套、农艺农机融合、线上线下联动。

（三）推进畜禽良种选育扩繁

立足畜禽资源区域化特点，坚持良种选育、品种改良，以牦牛、藏羊、藏猪、藏鸡为主攻方向，建设畜禽良种选育基地，加快畜禽良种繁育体系建设，提高优良畜禽供种能力。以娘亚、帕里、类乌齐、斯布、吉拉、野血等牦牛优质资源为支撑，建设牦牛保种选育、良种扩繁基地，加快野血牦牛提纯复壮工作，打造优良牦牛种公牛和冻精输出中心。以娟姗、荷斯坦等优良品种为支撑，改造升级奶牛良种扩繁、推广示范基地。以阿旺绵羊、多玛绵羊、岗巴羊、霍尔巴羊、象雄半细毛羊等藏羊品系为支撑，建设种羊扩繁场，进一步完善藏西北白绒山羊、紫绒山羊良种繁育体系。增加核心藏猪种群规模，提升原种供应能力。建设“雪域白鸡”原种场，加大扩繁力度，扩大种群规模。

十、提升农业机械化水平

农业机械化是转变农业发展方式、提高农村生产力的重要基础，是实施乡村振兴战略的重要支撑。在经济发展过程中，农业机械的使用提高了农业生产率，还有效减少了农业劳动力投入，为劳动力的非农转移创造了条件，进而解放农业生产力（黄晓彬，2021）。提升农业机械化水平，主要从以下几个方面来进行阐述。

（一）完善农机购置补贴政策

围绕推进农业机械化全程全面高质高效发展，完善农机购置补贴政策，制定符合新阶段农业机械化发展的政策支持体系，推广新型智能农机装备应用，支持适宜山地农机具和技术的引进示范推广，着力提高农机化技术和装备应用水平，推进农机报废更新政策落实。

（二）推进农机农艺融合

推动种植、养殖和农产品初加工方式的改进，制定相互适应的农艺标准、养殖工艺和机械作业规范，加强高原农机适应性改进技术研究，构建区域化、标准化的种植养殖机械化生产模式并加快推广。

（三）加快推动青稞等主要农作物生产全程机械化

重点推动青稞、小麦全程机械化，加快蔬菜、马铃薯、油料、饲草料生产加工机械化步伐，示范推广一批新技术新装备，总结推出一批全程机械化解决方案，构建全程全面、高质高效的机械化生产体系。

（四）发展农机社会化服务

积极指导农机社会化服务组织发展“全程机械化 + 综合农事服务”新业态，为农户提供全程机械化作业、农资统购、技术培训、信息咨询、农产品销售、农机具保养维护等“一站式”综合服务；推动机械化生产调度管理物联网建设，提升服务水平。

第二节　着力构建高原生物产业现代发展体系

一、加快构建新型高原生物产业经营体系

十八大以来，党中央、国务院高度重视新型农业经营体系构建和小农户的发展问题。习近平总书记指出，大国小农是我国的基本国情农情，要加快构建以农户家庭经营为基础、合作与联合为纽带、社会化服务为支撑的立

体式复合型现代农业经营体系，实现小农户和现代农业有机衔接（张钰钗，2022）。加快构建新型农业经营体系，推动小农户和现代农业发展有机衔接，是深化农村改革的重要任务，是全面实施乡村振兴、加快农业农村现代化的必然要求，也是推动西藏高原生物产业高质量发展的核心内容。

（一）提升新型经营主体的创新带动能力

支持农牧民合作社通过资金、资产、人力等要素依法自愿组建利益联合体，扩大合作范围和规模，提升合作层次。培育一批创新带动能力强、竞争力优势明显的农牧民合作社；指导农牧民合作社完善内部运行与管理制度，逐步推行参与主体多元、利益分配多样、管理决策科学的运行机制；鼓励农民合作社开展连片种植、规模饲养，加强农畜产品初加工、仓储物流、技术应用、市场营销等关键环节能力建设。支持农牧区供销合作社以出资创办、入股参办、服务带动等方式培育农牧民专业合作社。引导家庭农（牧）场采用先进科技和生产手段，开展绿色化标准化生产，完善农田、加工、仓储等配套基础设施；鼓励组建一批带动能力突出、示范效应明显的家庭农（牧）场协会或联盟。引导龙头企业采取兼并重组、股份合作、资产转让等形式，建立大型农牧业企业集团，完善现代企业制度，打造知名企业品牌，支持龙头企业深度参与高原生物产业基地建设、发展精深加工和现代流通，提升龙头企业在乡村产业发展中的辐射带动能力，稳定形成区、市、县三级龙头企业梯队，打造高原生物产业高质量发展的“新雁阵”。

（二）加快推进高原生物产业社会化服务能力建设

加快推进高原生物产业为农牧民提供农资销售、种养技术指导、病害（疾病）防治、新品推广、农畜产品加工、收储运输、产品销售等“一站式”综合服务。发挥农牧区村集体经济服务高原生物产业发展的多重功能，发展农牧业生产性服务，辐射带动小农户发展现代农业。发挥农牧民合作社引领农牧民对接市场的纽带作用，鼓励其向合作成员提供各类生产经营服务。引导龙头企业通过高原生物产业生产基地建设，搭建区域农牧业生产性服务综合平台，辐射带动农牧户发展现代农牧业生产、开展订单式农牧业生产经营和加快推进农牧业生产托管服务。支持高原生物产业相关的各类专业服务公司的发展，发挥其服务模式成熟、服务机制灵活、服务水平较高的优势。

（三）促进小农户与现代农牧业有机衔接

实施小农户生产经营能力提升工程，加强小农户科技装备应用，改善小农户生产基础设施，提高小农户综合发展能力。引导小农户间开展合作与联合，支持小农户通过联户经营、联耕联种、组建合伙农场、合伙牧场等方式联合开展生产，共同购置农机、农资，接受统耕统收、统防统治、统销统结等服务；支持小农户在发展休闲农业、开展产品营销等过程中共享市场资源，实现互补互利；引导同一区域同一产业的小农户依法组建产业协会、产业联合会，共同对接市场，提高经营整体效益和抗风险综合能力。探索小农户利用资产、土地经营权等作价出资办社入社；支持合作社根据小农户生产发展需要，开展农畜产品初加工、仓储物流、市场营销；健全盈余分配机制，可分配盈余按照成员与合作社的交易量（交易额）比例、成员所占出资份额统筹返还，并按规定完成优先支付权益，使小农户共享合作收益。支持企业通过订单收购、保底分红、二次返利、股份合作、吸纳就业、村企对接等多种形式带动小农户；鼓励龙头企业延长产业链、保障供应链、完善利益链，将小农户纳入现代农业产业体系；鼓励小农户以土地经营权等入股龙头企业；鼓励和支持发展农业产业化联合体，通过统一生产、统一营销、信息互通、技术共享、品牌共创、融资担保等方式，与小农户形成稳定利益共同体。完善小农户扶持政策，保护小农户土地承包权益，鼓励各地采取贴息、奖补、风险补偿等方式，撬动社会资本投入农业农村，带动小农户发展现代农业。健全针对小农户补贴机制，稳定现有普惠性补贴政策，创新补贴形式，提高补贴效率。提升金融服务小农户水平，加大支农再贷款支持力度，引导金融机构增加小农户信贷投放。拓宽小农户农业保险覆盖面，发展与小农户生产关系密切的青稞、牦牛、饲草等保险品种。

（四）强化基层党建，为新型经营体系提供组织保障

新型经营体系建设须把党的建设贯穿于生产经营活动的全过程。按照新时代党的建设总要求，健全责任体系、抓实基层基础、完善组织保障，创新党建工作形式，推进全面从严治党在基层落地生根，充分发挥村党组织和广大党员在巩固拓展脱贫成果、全面实施乡村振兴中的战斗堡垒作用和先锋模范作用，打牢政治引领、组织到位、作风保障的思想自觉和行动自觉的根基。特别是村党支部应积极发挥带动新型经营体系的“领头雁”作用，盘活闲置土地资源，引导小农户集中连片接受社会化服务，带动适度规模经营，提升高原生物产业生产效益。

（五）完善服务体系，为新型经营体系提供主体保障

在西藏，发展现代高原生物产业是乡村振兴的突破口、产业振兴的“牛鼻子”。新型经营体系汇聚政府公益性服务资源、专业化服务组织、农业龙头企业等，向农民提供集日常生活、商业流通、农业生产资料供应、农产品购销、科技、信息、文化等功能于一体的综合性经营服务，对小农户、村级专业合作社等开展土地整理、土地流转、招商引资、农业生产托管等社会化服务起到重要保障作用。

二、着力构建现代乡村产业支撑体系

围绕高原生物产业高质量发展支撑要素、发展模式和推进路径，促进农牧区一二三产深度融合，推进产业园区化发展，着力构建乡村发展新业态。

（一）推进现代农业产业融合发展

一是推进产业园区化融合化发展。统筹推进现代农业产业园、优势特色产业集群、农业产业强镇建设，积极申报国家级“三园一区一镇一集群”相

关项目，将高原特色农业打造成为现代产业集聚、先进技术集中、产品竞争力强的优势产业。推进农业现代化示范区建设，选择农业现代化水平较高的县（区），整县（区）推进农业现代化示范区建设，全面提升区域农业现代化水平。聚力打造园区经济，在现有各级现代农业产业园的基础上，推进园区建设整合优化升级工作，构建以国家级园区为核心、各级园区相互协同的园区经济。支持建设特色产业示范基地，培育引进经济实力好、市场网络全、研发能力强的高原生物产业龙头企业，把同质化明显的高原生物产业重组优化，做优做强乡村振兴项目。二是发展商贸物流业。加强城乡商贸流通基础设施建设，扶持农牧区特色农产品、民族手工产品等进入城镇流通、销售，建立和完善农畜产品流通和物流配送体系，促进各类资源顺畅流转。着力完善配送物流，提升农村物流示范点与城市对接能力，依托村级综合服务社、农贸市场等多业态服务资源，新建快递包裹集散站，社会标准化快递服务点。积极发展商贸物流，支持连锁经营企业以网点优势和营销能力为支点，整合批发和零售市场，促进连锁经营和集中配送一体化发展。加快边境县边贸市场建设，实现外贸平台和服务升级。大力发展冷链物流，重点支持新型经营主体完善田头预冷、分拣包装、初加工、物流、冷链、仓储等设施设备，支持农产品批发市场在产地田间建设仓储保鲜冷链设施，鼓励有条件的地方打造区域性冷链物流中心。三是提升社会化服务业。支持供销、邮政、农业服务公司、农民合作社等开展覆盖“产前－产中－产后”环节的全链条服务，重点提供农资供应、土地托管、代耕代种、统防统治、烘干收储等农业生产性服务，引导农业企业、合作社、生产大户等开展农资统购、技术培训、信息咨询、农产品销售等“一站式”综合服务，创新农村金融体系改革，推动农业产业基金、农业保险、农业创投等金融保险服务。

（二）发展乡村新产业新业态

一是大力发展乡村旅游业。依托优势农牧旅游资源，完善休闲农业和乡村旅游基础设施，着力发展休闲农业和乡村旅游。建设美丽乡村，引导乡村地区旅游资源丰富或特色产业集聚程度高的乡镇积极打造旅游风情小镇，建设“一乡一品、一村一景、一村一韵”的魅力村庄，对有条件的乡村，着力发展休闲农业和乡村旅游，优先发展离城市和离国道、省道较近的乡村；利用闲置农房建设康养基地，发展乡村民宿、度假养老等项目，发展乡村共享经济、创意农业、特色文化产业。建设休闲农业园区，打造一批农业主题公园，建设一批具有历史、地域、藏文化特色的休闲观光园区，鼓励发展智慧休闲农业平台，完善休闲农业数字地图，推广大众参与式评价、数字创意漫游、沉浸式体验等经营新模式。建设休闲农业重点县，推进休闲农业和乡村旅游示范县创建，建设一批设施完备、业态丰富、功能完善的休闲农业重点县，推介一批休闲农业、农耕文化、游牧文化体验精品线路。加强农耕文化、游牧文化保护，举办西藏“中国农民丰收节”的望果节、赛马节、物交会等系列活动，依托乡村资源开展乡情教育，推出一批以乡情教育为特色的研学旅行示范基地，大力推进农耕文化教育进校园。完善乡村旅游基础设施，推进“厕所革命”向乡村旅游延伸，引导有条件的地区将农村基础设施与乡村旅游、产业、园区等进行捆绑，实施一体化开发和建设，实现相互促进、互利共赢。开展休闲农业和乡村旅游点停车场、厕所、垃圾集中收集点、医疗中心、农副产品商店和旅游标识标牌等“六小工程”建设。二是大力发展“互联网 +”新业态。创新发展共享农业、云农场等网络经营模式，深入开展电子商务进农村综合示范县创建活动，加强农村电子商务综合服务站点建设，构建县、乡、村三级电商服务网络，引导网络营销、现代物流和第三方支付企业有序发展，扶持发展一批特色农产品电子商务交易平台。加快推进数字乡村试点建设，实施“互联网 +”农产品出村进城工程，积极引入农商直供、农超对接、直播直销、会员制、个人定制等新模式，搭建西藏特色优势产品“网上天路”。

（三）优化基础设施布局

随着城镇化的推进，农村人口的老龄化、村庄的空心化、村庄的减少是必然的趋势，这些年自然村和行政村都在不断地减少，高原生物产业发展一定要根据城镇化的趋势，根据未来城乡人口分布的状况来优化基础设施建设布局，提升公共服务能力，推进村庄布局整体优化。

（四）多形式鼓励人才下乡

一是建设优秀领导班子，培养乡村带头人。根据实地调研，一个村庄发展的好，与村领导班子密切相关，培养一支能够带领大家往前走的领导班子，对乡村建设至关重要。二是开展多种渠道培训，提高村民科学文化素质。可通过继续教育、职业培训、鼓励学习等方式提高村民科学文化素质。三是充分发挥现有乡村人才的作用，留住本地人才。要把乡村现有各类人才利用好，充分发挥其作用，减少村人才的流失。四是给乡村人才创造好的生活环境、工作环境。让留在乡村的各种人才能够获得发展的空间和上升的通道，例如职称评定等。

（五）发展高原生物产业助力产业振兴

在推进高原生物产业发展的过程中，也面临着一些困境。从产业选择的角度来看，主要是两个方面的问题：一是产业出现低质同构化的趋势。二是以改革供给侧结构为由搞非农化。从长远来看，高原生物产业发展应建立一个有特色、有竞争力的现代乡村产业体系，各地市一定要因地制宜、因村施策，突出特色，走多元化的道路。

（六）推进农牧区数字化、网络化和智慧化

近年来，西藏高度重视生物产业数字化建设。与区外相比，虽然高原生物产业发展的“数字”鸿沟在不断缩小，但发展差距依然很大。农业农村的信息化是未来发展的主要方向，其分为三个阶段，即数字化、网络化和智慧化。目前西藏高原生物产业还处于数字化建设阶段，要实现农业农村数字化、网络化、智慧化“三化”同步进行，西藏只有紧紧围绕“互联网＋现代农牧业”，以建设智慧农牧业为目标，大力发展数字农牧业，实施智慧农牧业工程，积极推进物联网、大数据、3S 技术等信息技术的融合与应用，积极开展智慧农牧业试验示范，才能不断缩小区内外生物产业发展的“数字”鸿沟。

第三节 大力发展高原生物产业重大政策支撑

开展重大政策支撑、重大改革支持、重大项目需求等环节的政策建议，对推进西藏高原生物产业高质量发展将起到重要的指导作用。

一、重大政策建议

受自然条件和多种因素影响，西藏农牧业生产水平与其他省市仍有较大差距，面临着诸多困难和问题，特别是农牧业人才匮乏，已经成为制约西藏现代农牧业发展的突出短板。为此，建议开展“百名农牧业专家组团式援藏”，补齐西藏农牧业发展的短板，尤其是农牧科技发展的短板。考虑到西藏农牧业基础设施薄弱，交通运输距离远、建设成本高，生态地位的特殊性和生态环境的极其脆弱性、复杂性，青稞生产安全、产业发展亟待提升、动物防控形势和任务较重等实际情况，需提高农牧业项目投资标准，重点是高标准农田建设、农牧民补助奖励、农村户用厕所改造补助标准。同时，积极申请中央在农牧业生产支持保护政策、畜牧良种补贴政策、基层动物防疫工作补助政策、农牧民专业合作社和家庭农牧场发展支持政策、农牧区改革补助奖励政策、牛羊出售补贴、健康边销茶补贴等方面给予支持。

二、重大改革支持

根据西藏农牧区改革的任务和特点，需从以下几方面给予特殊支持。

一是支持农牧区改革。投入一定经费用于国家级、自治区级农牧区改革试验区深化拓展，构建新型农牧业经营体系、创新农牧业产业化机制、城乡融合发展体制机制、创新金融助农惠农方式、农牧业社会化服务体系创新等改革试验任务；二是支持农牧区集体产权制度改革。通过争取中央支持资金来给一定范围农户发放补助，这些补助主要用于村级集体经济组织加强农村集体资产经营管理；三是对农村土地（耕地）流转进行奖补。提高家庭农场和专业合作社等新型经济主体流转土地的积极性，促进种养业适度规模经营，推动小农户与现代农业衔接，提高农业生产经营的效益和质量。规范流转合同，并在乡镇人民政府登记备案，对从事农牧业生产的农牧民专业合作社和种养大户给予相应补助。

三、重大项目需求

为巩固脱贫攻坚成果，实现乡村全面振兴，按照产业兴旺、生态宜居、乡风文明、治理有效、生活富裕的总要求，围绕“巩固、增强、提升、畅通”的农业供给侧结构性改革目标和“抓重点、补短板、强基础”的要求，根据西藏自然禀赋、农牧业发展阶段、农牧区基础设施、农牧民组织化程度等现状，今后一段时期，重点在进一步完善农牧业农牧区基础设施，尤其是在高标准农田、农牧业防灾抗灾、农牧区动物防疫、人工饲草、牲畜棚圈、游牧民帐篷等方面加大投资力度，不断优化完善农牧业区域发展空间和重点产业布局，完善农牧业生产、加工和营销三大体系，着力提升种养业良种供给能力、农畜产品供给、产业融合发展、农牧业科技支撑、农业农村信息化及智慧农牧业，加大农畜产品溯源力度、保障农畜产品质量安全等方面加大投资力度。

第四节　全力构建高原生物产业体制机制保障

根据西藏高原生物产业高质量发展的现实，主要从组织保障、工作保障、政策保障、资金保障和技术保障五个方面，提出西藏高原生物产业高质量发展体制机制保障。

一、组织保障

（一）加强组织管理

建立健全农牧业工作领导责任制，明确一把手提思路、分管领导具体抓，形成“统一领导、目标明确、分工负责、协作配合、职责落实”的工作机制。实行目标责任制，层层分解任务，一级抓一级，层层抓落实。加大考核力度，落实奖惩措施，确保组织到位、责任到位、措施到位。

（二）建立联席会议制度

由西藏农口重点项目建设协调领导小组牵头，自治区发改、财政、乡村振兴、国土、水利、农业农村、林业、科技、农科院所、农行和审计部门参与，不定期协商研究农业综合开发的重大政策、项目整合、部门项目、贷款贴息、审计考评等问题，形成开发建设的合理运行机制。

（三）加强队伍建设

切实加强队伍建设，使之与高原生物产业综合开发的任务、资金、项目管理要求相适应。没有高原生物产业管理机构的县（区）必须按国家要求设立专门工作机构，配齐配强工作人员。

（四）加强作风建设

密切与农牧民群众的联系，重视党风廉政建设，加强监督机制，加强业务培训，提高农牧民整体素质，努力建设一支政治合格、业务熟练、作风过硬、敢于开拓、善于管理的从事高原生物产业工作的干部队伍。

（五）抓好规划实施

以现代农牧业发展规划统领高原生物产业开发，确保高原生物产业综合开发资金投入，严格按照规划确立的开发目标、项目布局、建设重点，层层分解任务，逐步落实规划提出的各项任务和保障措施。确保规划任务的考评机制，适时对规划实施情况进行评估和考核，自觉接受人大、政协、纪检、监察、审计等部门以及新闻媒体、社会公众的监督。确保高原生物产业综合开发为西藏社会主义新农村和现代农牧业建设作出应有贡献。

二、工作保障

（一）抓好项目前期工作

指导各地市依据高原生物产业发展规划制定当地高原生物产业综合开发规划。加强规划的前期工作，项目选择要以农牧民自愿为前提，加强现场勘测和调研，注重应用科技，建立有效的经营管理模式，注重招商引资、引智，认真分析评估项目的可行性、开发的必要性、技术的合理性、投资的有效性，力争将高原生物产业综合开发项目建成品牌工程、样板工程。分别建立各级政府统筹协调机制，尤其是在县级政府统一领导下，农业农村局应加强与发展改革、财政、国土、水利、农牧等部门沟通协调，统一制定总体规划，并将高原生物产业综合开发规划纳入总体规划，在不改变资金管理体制和分配方式的前提下，明确各部门的任务分工，由各部门共同协调高原生物产业综合开发的投入政策、建设任务和工作部署，形成统筹整合农业综合开发资金的合力。

（二）加强高原生物产业开发县管理

各级农牧业管理机构要深刻认识新形势下支持现代农业发展的重要意义，坚持解放思想，勇于开拓创新，把握好高原生物产业综合开发的全局性、方向性。要加强与地方各级政府部门的沟通协调，引导和鼓励地方政府基金搭建发展现代农业的基础设施和产业政策平台，因地制宜建立健全符合实际、运行顺畅的项目组织管理架构，为高原生物产业综合开发创造良好的发展环境。积极争取国家农发办支持，落实梯次增加开发县。开发县管理遵循“总量控制、适度进出、奖优罚劣、分级管理”原则。建立和完善开发县年度绩效考评机制，对开发潜力不大或工作不到位的开发县适时退出，把工作积极性高、开发潜力大、资源优势突出、开发效益明显的县区纳入高原生物产业综合开发。

（三）加强项目和资金管理

加强资金和项目过程管理，提高科学化、精细化管理水平。坚持完善和落实资金和项目管理制度，建立覆盖规划、设计、施工、验收、运行和管护各个环节的管理制度。加强资金管理，强化以县级财政报账制为核心的财务管理体系，坚持财政资金专人管理、分账核算、专款专用。强化项目选项立项工作，规范建立项目库，实行竞争择优选项，严格规范评估项目；强化规划设计工作，坚持科学合理，综合治理，提高规划设计质量；规范项目验收考核制度，制定严格的验收标准；尽快完善高原生物产业综合开发信息管理系统，实行高原生物产业综合开发的动态监管。进一步完善高原生物产业综合开发绩效考评制度，将考评结果与资金分配挂钩，实行奖优罚劣。加强基础工作，认真做好资金决算编报工作，改进和强化统计工作，加快推进信息系统建设，实行对资金和项目全程监控监管。充分发挥基层财政部门特别是乡镇财政就近就地监管的优势，明确乡镇财政对项目资金的具体监管范围，量化、细化监管任务和责任，逐步实现乡镇财政从立项、建设、验收到管护的全过程参与管理。积极推行结构性评审，遵循法律法规、行业标准规范，遵循客观公正、科学规范、择优立项的原则。根据规定程序和评审内容分别对申报立项的高原生物产业综合开发项目进行评议审核，按照权重计算评分并形成综合评价。

（四）加强项目后续管理及建后管护工作

管好用好高原生物产业综合开发项目工程管理费。按照项目建设管护科学化、规范化和制度化的要求，依托基层组织或合作经济组织，做好国有资产登记，明确国有资产权属和经营管理责任，探索土地流转、承包经营、租赁承包、股份经营、集体经营等有效经营形式，建立项目工程运作、管护的长效机制，确保高原生物产业综合开发项目建成后能够完好、持续运行，保障项目区农牧民长期得到实惠。加大管护工作宣传力度，进一步提高对工程建后管护工作的认识，按照建管结合、建管并重的要求，切实采取有效措施落实维修养护经费，加强建后管护工作。完善工程建后管护制度，按照谁受益、谁管护的原则，明确产权归属、管护主体，落实管护责任和管护经费，提高工程建后管护水平。加强对项目工程管护工作的督查指导和监测评价，建立长效管护机制。

三、政策保障

（一）党中央国务院高度重视西藏工作

中央第六次西藏工作座谈会进一步明确了推进西藏跨越式发展的指导思想和西藏长治久安的目标、任务和工作重点，制定了一系列扶持西藏经济社会发展的特殊优惠政策和措施，继续加大农牧业综合开发力度。中央的一系列政策，是推进西藏高原生物产业综合开发最有力的保障。

（二）国家部委大力支持西藏高原生物产业开发

国家农业农村部进一步加大对西藏高原生物产业综合开发的资金投入，在地方财政资金配套、开发县调整，土地治理项目、产业化经营项目的审查审批、投资额度和投资标准等方面给予特殊的政策倾斜。加强资金、技术、人才、资源和管理等要素有效保护，实施保障优势特色农业发展的“绿箱政策”。

（三）西藏自治区党委、政府非常重视高原生物产业开发工作

把高原生物产业综合开发作为推进西藏“提升一产”发展战略的重要举措，配套高原生物产业综合开发地方财政资金，逐年加大投入，积极协调行业部门整合资金，建设骨干水利和生态工程，实行特殊优惠政策，积极鼓励非公经济参与高原生物产业综合开发，形成高原生物产业综合开发的强大合力。已印发《西藏自治区农业综合开发资金和项目管理办法》《西藏自治区高标准农田建设项目编制指导意见》《西藏自治区高标准农田示范工程建设标准实施细则》《关于加强种植业项目科技应用的指导意见》等文件，这些文件将促进西藏高原生物产业综合开发健康发展。各地市和县区党委政府在树立高原生物产业项目率先发展典型上统筹安排，为高原生物产业机构充实工作人员，改善工作条件，协调科技力量参与和支持高原生物产业综合开发，在基层组织配合高原生物产业建设和强基惠民支持农发建设上进行整合，利用高原生物产业综合开发项目宣传群众、教育群众，让群众感受到党和国家的关怀。

（四）健全财政优先保障和生态补偿机制

一是健全财政优先保障机制。坚持把农业农村作为财政优先保障领域和金融优先服务领域，财政投入更大力度向“三农”倾斜，提高土地出让收入用于农业农村比例，县域新增贷款主要用于支持乡村振兴；支持地方政府发行一般债券和专项债券用于现代农业基础设施建设和乡村建设行动，研究出台操作指南，确保财政投入与乡村振兴目标任务相适应。二是建立多元生态补偿机制。建立政府统筹、多层次、多渠道的生态补偿机制，加大对重点生态功能区与森林生态效益、小流域综合治理、草原生态保护等补偿力度，开展湿地、自然保护区、水生态的生态补偿试点，建立湿地、水生态、资源开发补偿机制，加大国家重点生态功能区转移支付力度，积极争取将西藏 74 个县（区）全部纳入国家重点生态功能区补助范围，最大限度地增加群众收入。

（五）推进金融保险支农制度创新

健全金融保险服务体系，鼓励和支持银行、证券公司、保险公司在西藏各地（市）设立分支机构，稳步提升“三农”金融服务点的覆盖率，扩大金融服务覆盖面。支持在藏金融机构延伸金融服务网点，优先办理地（市）及以下区域开设分支机构网点申请，鼓励保险机构建立健全乡、村两级保险服务体系，消除金融服务空白乡（镇），鼓励区外涉农保险公司落地发展。深化“三农”金融保险事业改革，加大金融信贷支持力度，简化信贷程序、放宽准入条件，争取惠藏涉农信贷政策；创新“三农”信贷产品和服务，大力实施金穗惠农工程，发展政策性农业信贷担保，稳步开展农业保险“扩面、增品、提标”试点，推动农业产业基金、农业保险、农业创投等金融保险服务，促进保险资金直接或间接投入产业扶贫项目，探索优势特色农产品保险以奖代补做法，推进青稞完全成本保险和收入保险试点，建立巨灾保险制度，降低农业经营风险，增强农民和农业抗御自然灾害和市场风险的能力；创新信贷担保手段和担保办法，发挥区内政策性融资担保机构作用，采取动产质押和抵押、仓单、土地经营权抵押等多种形式，解决龙头企业和农民专业合作社抵押困难；研究制定扶贫贴息贷款使用管理与农业产业化相结合的措施；探索建立银行与农业产业化经营企业对口帮扶的互利共赢机制。

（六）加强农业农村发展用地保障

优先保障农业农村发展用地。把专业合作社、家庭农（牧）场因发展生产需要建设的农产品仓储冷链、产地初加工以及作物育苗育种等设施纳入农用地管理范围。完善乡村建设用地复垦制度。以乡镇为主体开展土地综合整治，对迁出区宅基地等建设用地，以及腾退、废弃土地进行复垦（退宅还耕），建立农村建设用地复垦补助政策，按复垦后净新增耕地面积予以补助，用于复垦项目实施。建设复垦地产权流转交易平台。探索将复垦地数据全部纳入乡镇级的农村产权流转交易平台，盘活的建设用地重点支持乡村新产业、新业态和返乡人员创新创业，建立农业设施用地保障机制。

（七）推进农村土地与产权制度改革

一是提升完善农村土地承包制度改革成果。继续做好承包地确权登记颁证工作，全力推进确权登记颁证后续管理服务工作，保持农村土地承包关系稳定并长久不变。改革完善农村承包地“三权分置”制度，平等保护并进一步放活土地经营权，允许以耕地、草场经营权入股从事农业生产经营。开展土地承包经营权依法自愿有偿退出试点，引导有稳定非农就业收入、长期在城镇居住生活的农民自愿有偿退出土地承包经营权。完善农村土地征收制度，严格执行国家土地征收目录，缩小征地范围，维护被征地农民合法权益。二是稳慎推进农村宅基地制度改革。适度放活宅基地和房屋使用权，加快完成房地一体的宅基地使用权确权登记颁证，鼓励农村集体经济组织及其成员盘活利用闲置宅基地和闲置房屋开展产业经营。在市郊农村探索宅基地所有权、资格权、使用权“三权分置”，落实宅基地集体所有权，保障宅基地农户资格权和农民房屋使用权。在符合规划、用途管制和尊重农民意愿前提下，允许县级政府优化村庄用地布局，有效利用乡村零星分散存量建设用地，开展闲置宅基地复垦试点工作。探索对增量宅基地实行集约有奖、对存量宅基地实行自愿有偿退出的机制。三是深化农村集体产权制度改革。强化农村集体资产管理，统筹各级各部门，加强农村产权制度改革工作顶层设计，健全村集体资产管理制度，推动自治区农村集体资产管理信息系统上线运行，进一步强化村集体资产监督。推进农村集体经营性资产以股份或者份额形式量化到本集体经济组织成员，合理设置股权结构，倡导实行不随人口增减变化而调整的股权管理方式。赋予农民集体资产股份权能，建立集体资产股权登记制度，开展赋予农民对集体资产股份占有、收益、依法自愿有偿退出、抵押、担保和继承权改革试点。发挥好农村集体经济组织在管理集体资产、开发集体资源、发展集体经济、服务集体成员等方面的功能作用。

四、资金保障

继续坚持“国家引导、配套投入、民办公助、滚动开发”投入机制，千方百计多渠道、多层次筹措资金，不断加大高原生物产业综合开发资金投入。一是积极争取国家高原生物产业综合开发资金投入。加强年度计划衔接，努力完成规划项目中央财政投入目标；积极加强与自治区财政部门的合作，确保地方财政配套资金足额到位，引导农民筹资、鼓励筹资渠道多元化。宣传各级财政增加高原生物产业综合开发投入的政策导向。二是充分利用高原生物产业综合开发平台、发挥财政资金的引导作用。制定招商引资、引智政策，积极鼓励引导非公经济参与高原生物产业综合开发。进一步完善高原生物产业综合开发资金与银行信贷资金的合作机制，发挥财政资金的金融“撬动”作用，共同支持现代农牧业发展。三是积极引导金融机构参与高原生物产业建设。加强与中国农业银行西藏分行、西藏银行等金融机构的合作，探索与国家农发行西藏机构的合作，搞好贷款贴息项目，引导更多信贷资金投向高原生物产业综合开发区，大力扶持产业化龙头企业、农民专业合作组织、种植业和养殖业大户。加强涉农资金统筹整合，引导现代农牧业发展资金等财政支农资金共同支持项目建设，提高强农惠农富农资金积聚效应。积极吸引外地资金参与西藏农业综合开发。四是积极配合西藏骨干水利和生态建设项目。按照“资金性质不变、管理渠道不变”“各司其职、各记其功”的原则，加强与水利、林业、国土等行业部门的合作，积极协调引导农业综合开发部门项目实施，实现规划的目标任务。

五、技术保障

发展生物技术是保障高原生物产业发展的战略选择。纵观国内外生物技术研发领域的发展，每次新技术的突破都将带来农业发展方式的根本性转变。现代生物技术能够实现基因的定向定位转移，在常规技术短期内难以解决的性状协调改良等方面具有巨大优势，把转基因技术与常规生产技术结合起来，将有效引领生产领域的科技进步。着力推进生物技术研发，培育高原生物产业发展的新的增长点，是着眼未来市场竞争和产业分工所作出的战略决策。当前，西藏启动实施的转基因专项生物技术研发，对于抢占市场竞争先机意义重大、影响深远。总之，高原生物产业发展必须要依靠生物技术作为保障，需要的是最有价值、最精确的技术和知识支撑，没有生物技术作为保障，高原生物产业高质量发展就是一句空话。

参考文献

[1] 张华国 . 乡村振兴战略背景下西藏青稞产业发展研究 [J]. 安徽农业科学 ,2018,46(31):205–207.

[2] 陈凡 , 索林 . 中国西藏新农村建设绿皮书 – 西藏农村发展报告（2019）[M]. 拉萨 : 西藏藏文古籍出版社 ,2019:233–240.

[3] 衡霞 , 王茜 . 西藏农地金融化的基础条件与实现路径研究 [J]. 安徽农业科学 ,2018,46(22):221–226.

[4] 白建华 , 刘天平 . 资本禀赋、市场环境对欠发达地区农户农产品销售意愿与行为的影响——基于对青稞种植户的调查 [J]. 中国藏学 ,2021(02):135–145.

[5] 白建华 , 宋连久 , 孙自保 . 西藏青稞产业发展困境与出路——以隆子县黑青稞为例 [J]. 湖南农业科学 ,2020(11):70–73.

[6] 张震 , 颜俊学 , 龚慧超 . 增加农民收入的关键因子分析——以科技支撑为视角 [J]. 华中农业大学学报 (社会科学版),2015(01):48–53.

[7] 王嫚嫚 , 刘颖 , 陈实 . 规模报酬、产出利润与生产成本视角下的农业适度规模经营——基于江汉平原 354 个水稻种植户的研究 [J]. 农业技术经济 ,2017(04):83–94.

[8] 国务院扶贫办政策法规司、国务院扶贫办全国扶贫宣传教育中心 . 脱贫攻坚干部培训十讲 [M]. 北京：中国出版集团研究出版社 .2019.

[9] 李大宇，章昌平，许鹿 . 精准治理 : 中国场景下的政府治理范式转换 [J]. 公共管理学报，2017（1）:1–13.

[10] 习近平 . 决胜全面建成小康社会夺取新时代中国特色社会主义伟

大胜利——在中国共产党第十九次全国代表大会上的报告 [M]. 北京：人民出版社，2017.

[11] 汪三贵，殷浩栋，王瑜 . 中国扶贫开发的实践、挑战与政策展望 [J]. 华南师范大学学报（社会科学版），2017（7）:18–25.

[12] 许舒瑶 , 白京羽 , 林晓锋 . 基于政策工具视角的中国生物产业政策差异性分析 [J]. 中国生物工程杂志 ,2020,40(10):96–103.

[13] 刘长秋 . 法律视野下的中国生物产业政策研究 [J]. 上海财经大学学报 ,2013,15(06):40–47.

[14] 何建昆 . 国家开发行扶持生物产业政策解读 [N]. 科技日报 ,2010-06–17(011).

[15] 程晖 . 我国公布《生物产业政策》[N]. 中国经济导报 ,2009–06–09(A01).

[16] 彭万泽 . 楚雄天然生物彝药产业经济发展资源研究分析 [J]. 时代金融 ,2017(06):48–49.

[17] 普布扎西 . 拉萨市堆龙德庆区的青稞产业发展经验与建议 [J]. 农业科技通讯 ,2021(07):20–21.

[18] 阿闹 . 迭部县青稞产业发展现状及对策 [J]. 农业科技与信息 ,2021(13):87–88.

[19] 李白家 , 史瑞琪 . 加快培育优势产区，助力青稞产业高质量发展 [J]. 青海农技推广 ,2021(02):53–54.

[20] 顿珠加布 . 西藏青稞种植户农业生产环节外包意愿、行为及其偏差研究 [D]. 西北农林科技大学 ,2021.

[21] 王宾娥 , 杨占福 , 李亚楠 , 冷婧 , 武转转 , 李善鑫 , 赵生成 , 周吉卓么 . 青海省青稞产业地方标准发展现状、问题及对策 [J]. 标准科学 ,2021(04):77–82.

[22] 张成刚 . 西藏青稞产业发展现状及农发行信贷支持策略 [J]. 农业发

展与金融,2021(01):38-40.

[23] 和增宏,毛健梅,和万忠.迪庆州青稞产业发展存在的问题及对策[J].现代农业科技,2020(17):34-35.

[24] 梁珠英.青海省青稞产业发展现状及对策建议[J].青海农林科技,2020(01):42-45.

[25] 徐一,唐波,彭晓琴,高茂宏,赵九洲.甘孜藏族自治州青稞产业发展现状及建议[J].四川农业与农机,2019(05):13-45.

[26] 谭海运.西藏青稞产业发展现状及优化对策阐述[J].农业与技术,2019,39(05):23-24.

[27] 陈青姣.西藏山南青稞产业集群发展模式选择[J].农村经济与科技,2017,28(23):156-158.

[28] 牛继平.西藏昌都市青稞产业现状与对策措施[J].中国种业,2017(01):25-28.

[29] 王薇.青藏高原的青稞产业插上科技的翅膀[N].中国食品报,2022-01-26(004).

[30] 金玥,师学萍.西藏茶产业与旅游业融合发展探析[J].高原农业,2022,6(01):79-85.

[31] 黄建辉.乡村振兴背景下茶产业全面振兴之优化路径探索[J].南方农机,2021,52(22):19-24.

[32] 促进茶产业健康发展提高产业链供应链现代化水平—农业农村部乡村产业发展司负责人就《关于促进茶产业健康发展的指导意见》答记者问[J].中国农垦,2021(11):6-8.

[33] 肖鑫,邓宗毅.做优茶产业唱响茶品牌[N].钦州日报,2021-11-25(005).

[34] 张子威,王贞红.基于AHP-SWOT分析的西藏茶产业发展研究[J].茶叶通讯,2021,48(03):550-555.

[35] 张成刚 . 西藏健康茶产业现状及农发行信贷支持策略 [J]. 农业发展与金融 ,2021(08):45–46.

[36] 金玥 , 孙宇俊 , 许贤斌 , 李睿豪 , 德吉央宗 , 师学萍 . 基于 PEST 的林芝茶产业发展研究 [J]. 高原农业 ,2021,5(04):420–425.

[37] 许贤斌 , 孙宇俊 , 金玥 , 师学萍 . 基于钻石模型的西藏茶产业竞争力分析 [J]. 高原农业 ,2021,5(04):426–431.

[38] 许贤斌 , 金玥 , 孙宇俊 , 师学萍 . 西藏茶产业发展的 SWOT 分析及建议 [J]. 高原农业 ,2021,5(03):317–324.

[39] 彭红 . 推进西藏林芝茶产业高质量发展的举措 [J]. 农技服务 ,2019,36(12):94–95.

[40] 杨宇航 . 藏药产业获得科技加持农牧民增收路径持续拓展 [N]. 科技日报 ,2022–01–12(003).

[41] 臧克承 , 谢金平 , 邵蓉 . 西藏自治区藏药产业发展现状与对策建议 [J]. 西藏大学学报 (社会科学版),2021,36(02):186–193.

[42] 何雅洁 . 藏医药产业发展策略分析—以西藏自治区为例 [J]. 营销界 ,2019(38):151–155.

[43] 刘燕 , 谈力 . 西藏林芝市藏药产业创新发展的战略选择 [J]. 广东科技 ,2017,26(09):55–57.

[44] 张志刚 , 德吉措姆 , 李俊文 , 普布顿珠 , 张保友 . 西藏自治区日喀则市蔬菜产业发展现状及建议 [J]. 中国瓜菜 ,2021,34(04):141–144.

[45] 黄昭委 . 治边稳藏视域下援藏扶贫与西藏内源式发展研究——以西藏白朗县援藏产业扶贫调查为例 [J]. 西藏发展论坛 ,2021(01):43–48.

[46] 牛继平 . 西藏昌都市蔬菜产业发展建议 [J]. 中国蔬菜 ,2020(12):11–13.

[47] 李诚 , 宁立宏 , 谭远宝 . 西藏贡嘎县设施蔬菜产业现状与发展对策 [J]. 长江蔬菜 ,2020(16):75–78.

[48] 代安国，刘玉红，李艳峰. 超越资源约束发展西藏非耕地设施蔬菜产业 [J]. 西藏农业科技，2019,41(04):1–4.

[49] 罗德涛. 西藏墨脱县冬种蔬菜发展现状分析及对策探讨 [J]. 农业科技通讯，2019(10):214–217.

[50] 邓亚净，方晓玲，多庆. 西藏环境资源型产业发展路径分析——以白朗县蔬菜产业为例 [J]. 西藏研究，2017(06):9–16.

后 记

“西藏特色产业高质量发展系列研究报告”重大委托课题之子课题——《西藏高原生物产业高质量发展研究（2021 年）》，是由西藏民族大学西藏乡村振兴研究所和西藏农牧学院乡村振兴研究院共同承担西藏文化传承发展省部共建协同创新中心委托课题的一部学术著作。为完成课题研究任务，课题组成员多次深入西藏各地市开展调查研究，广泛收集文献资料，得到西藏各地市广大干部群众大力支持，在此深表感谢！

《西藏高原生物产业高质量发展研究（2021 年）》子课题完成之际，心生感慨！首先，项目组成员任务响应效率高、团队合作气氛好、默契度高、实干能力强，这是本课题完成的重要保证。其次，《西藏高原生物产业高质量发展研究（2021 年）》虽反映了当前典型的高原生物产业种类，但在今后研究中仍需从深度上、广度上继续思考。在今后的研究中，可从生物产业发展宏观政策落实与执行效果，生物制造、生物环保、生物服务等战略性新兴产业发展的现状与趋势，生物技术分析（诸如：投融资和专利等），重点行业年度发展报告等方面持续关注。

本书由西藏农牧学院孙自保教授、宋连久副教授、白建华讲师负责撰写第一篇，咸阳师范学院秦玉洁副教授、西藏民族大学禄树晖教授负责撰写第二篇和第三篇，编写组对以上人员深表敬意和感谢。感谢西藏农业农村厅种植业处对本书搜集材料给予的大力支持，感谢西藏三农公司董事长班久次仁和西藏阳光庄园董事长马吉峰在本书撰写过程中给予的大力支持。感谢西藏民族大学张力升、张倩、汪子昂、陈娈婧等同学对本书撰写付出的辛劳。感谢西藏农牧学院李虹婵、段凡等同学对本书撰写付出的辛劳。最后感谢西藏文化传承发展协同创新中心对本书编写给予的大力支持和鼎力资助。特此感谢西藏民族大学刘凯教授、陈敦山教授、张传庆教授对本书撰写的悉心指导。

由于工作量大和时间仓促，加之编写组水平有限，书中难免出现纰漏之处。希望本书在有助于读者更加全面了解西藏高原生物产业发展状况的同时，也敬请广大读者指正赐教！

禄树晖

二〇二二年三月